驾驶心理学

W 万物心理学书系

[英] 格雷厄姆·霍尔
Graham Hole

著

薛鸣枝

译

上海教育出版社
SHANGHAI EDUCATIONAL
PUBLISHING HOUSE

In memory of my mum, Joyce Alice Hole

谨以此书纪念我的母亲，乔伊斯·艾丽丝·霍尔

目 录

前　言

　　有种"疾病"每年导致 125 万人死亡，超过 5 000万人承受身体伤害，常常因此终身残疾。它在人类最常见的死亡原因中位列第九，也是 15—29 岁群体的主要死因。令人痛心的是，这些伤亡在很大程度上是可以避免的。

　　既然你正在读这本书，想必已经猜到了这一"疾病"是什么——交通事故！据世界卫生组织《2015 年全球道路安全现状报告》，英国是全世界道路安全做得最好的国家之一，仅次于挪威和瑞典。即便如此，2016 年英国交通部的报道仍显示有 1 792 人死于交通事故，在 70 万起交通事故中，有 24 101 起为严重事故，平均每天有 5 人因交通事故丧生。

心理学与此息息相关，因为绝大多数交通事故源于人为错误而非机械故障。两车相撞通常有多种原因，包括驾驶者未能看见对方；驾驶者冒险行驶，例如在错误的位置超车或超车时车速太快；酒驾或吸食毒品后驾驶；睡眠不足时驾驶；驾驶时接电话。还有的时候，车辆发生碰撞是因为驾驶者太愤怒或有强烈的挫败感。一些年长司机发生交通事故则是因为身心能力退化，达不到安全驾驶的要求。几十年来，心理学家广泛研究了人的感知觉、注意力、疲劳度、攻击性、对危险的觉察以及衰老等因素对交通事故的影响，掌握了很多与此相关的信息，所以知道为什么人们明明能够安全驾驶，有时却无法做到。

　　本书简要地介绍了关于驾驶的心理学研究。书中的每个主题都涉及成百上千篇相关的学术论文，而我的侧重点放在*认知心理学（尤其是感知觉和注意力）*上，这不仅与我的专业背景有关，也源于驾驶是关乎视觉的事，人类又是非常视觉化的动物。另外，社会心理学关心诸如人的态度的形成和转变、对危险的感知等问题，对这些内容的了解是必不可少的，它能帮助我们理解为什么驾驶者会有危险驾驶的行为以及如何说服驾驶者更安全地行驶。

本书适合任何一位对驾驶感兴趣的人，我希望读者阅读时能有所获。很多人在驾驶这个话题上固执己见，但他们的观点往往缺乏确凿的证据支持。心理学是一门科学，它用科学的方法去调查和研究问题。心理学家训练有素地获取证据，并尽可能客观地评估证据，在心理学中不存在所谓"直觉合理性"。关于驾驶，人们有大量看似合理的说法，比如"汽车驾驶员在十字路口将摩托车车手撞离车道是因为摩托车不易被看到"，"年长司机易造成更多的交通事故是因为视力衰退"，"只要驾驶者双手握着方向盘，行驶中打电话就是安全的"。我们应当明白，几乎毫无证据支持以上任何一种观点，其中任何一种情况的真相都很复杂且出乎意料。

既然心理学与驾驶如此紧密相关，为何非心理学专业人士对此知之甚少呢？部分原因是，尽管有大量与驾驶有关的科学文献，但对非专业人士而言，文献中海量的专业术语和统计图表阻碍了他们获取相关信息。因而在接下来的章节中，我会尽量少用术语，尽可能避免在谈及论点时过于简单化或轻描淡写。我坚信，只要愿意花足够多的时间且不厌其烦，无论多复杂的事物都能被解释清楚。我由衷地期望我能够做到。

借此机会，我想感谢以下各位对本书的帮助：凯文·菲利普斯（Kevan Phillips），尤安·菲利普斯（Euan Phillips），萨拉·劳伦斯（Sarah Laurence），杰斯·马歇尔（Jess Marshall）以及内维尔·斯坦顿（Neville Stanton）。

第一章　驾驶中的感知觉和注意力

　　视知觉在驾驶中的重要性显而易见，尝试闭上眼睛行驶一段时间，你就能明白为什么我会这么说。不少交通意外看似都与视知觉错误有关。英国每年报道的交通事故中，有 45% 的肇因是驾驶员或骑手未能看清楚路况。位列第二的常见肇因是驾驶员或骑手错误地判断了他人的路径或速度，有 25% 的交通事故属于这种情况。在许多交通事故中，至少有一位驾驶者会声称自己未能提前注意到另一车辆。这些被"视而不见"的受害者，常常是骑自行车的人或摩托车手。

　　通常，人们会说这些交通事故，尤其是与两轮车有关的事故，是视力（这里指用视力表测量出的视力清晰度）的局限造成的。有时又认为是因为视觉系统有

"缺陷"，诸如"我们的视网膜成像很'弱'"，"眼睛移动时我们会有盲点"。如果你确切了解视觉系统是如何运作的，就会明白上述说法都不正确。真正的问题在于驾驶者的大脑，而非眼球。为了解释清楚这一点，我要告诉你一些关于视觉系统及其作用原理的知识。

视知觉真的很复杂！

当你驾驶时，你的大脑飞速且不费吹灰之力地从一组不断变化的形状和线条的组合中建构出一个稳定的、细节丰富的3D世界。大脑能够判定哪些轮廓属于同一物体，即便有时一个物体的一部分被另一个物体遮挡（例如从公车后探出脑袋的行人）。大脑可以区分不同类型的移动，包括车辆的移动、行人的移动以及眼睛由注视后视镜转向扫视前方路况而产生的快速移动。

为了完成这一壮举，大量的信息处理在"幕后"进行。眼睛不是摄像机，它是神经系统的一部分，它利用物体反射的光获取有关世界的重要信息。每只眼睛都会生成一个上下颠倒的（是的，没错！）、暗淡的、模糊的、抖动的视网膜图像，大小似一张邮票。但是没人看这一图像，它只是视知觉潜在处理过程的起点。眼睛以电脉冲的形式将信息传输给大脑，大脑对此信息解码，形成图像。

由于主观印象，我们对知觉的实际运作过程存有错误的概念。你是否注意到，当你读这一页时由于眼睛眨了十几下或眼睛在句子间紧张地移动而产生了间断性黑暗？在有关"变化盲视"的实验中，观察者必须找出两幅交替出现的图片的不同之处。令人吃惊的是，即使两幅图有相当大的差异，也很难被识别出，除非观察者直接看到图片被替换的过程。变化盲视模拟了我们每次移动眼睛时所发生的事情：大脑丢弃了大部分之前所见的信息，仅仅保留了某个场景的要点。无论我们在看哪里，该处场景都很清晰，但这就是罗纳德·伦辛克（Ronald Rensink）和其他人所说的视觉意识"大错觉"。我们没有意识到的是，当我们不看向某处时，它就只被大脑粗略地呈现出来。

大脑面临一个巨大的问题：视觉信息想要发挥作用，就必须被快速处理，但任何一个场景都包含大量的视觉信息，我们的大脑因而必须精心挑选信息。大脑会为了侦测某一类变化而进一步优化。时间和空间的变化会引起大脑相关的生物反应，而不变的状态不会引起大脑的生物反应。例如，令你害怕的是悬崖边缘的突然变化，而不是通往悬崖的平坦大草地。

视觉系统的各个层级，从视网膜到更高级的大脑区域，都被设计得无比完美，以便更有效地获取信息。首先，你眼前的场景仅有一小部分被详细分析。精细化的视觉只存在于每个视网膜的中间区域，即中央凹。在这个直径仅为 1.5 毫米的微小区域外，视力的锐度（清晰度）逐渐变小，以致我们在视网膜边缘的周边视觉中，只能感知到一种非常模糊的运动感（见图 1.1）。

图 1.1　这是一个关于周边视觉的锐度如何逐渐减弱的图例。聚焦图中这辆汽车时，左图是摄像机拍到的，右图是人的视觉系统看到的

感谢斯图亚特·安斯底斯（Stuart Anstis）用 Photoshop 算法生成的右图

实际生活中，周边视觉锐度低并无大碍，因为我们在注视物体时，眼睛会不停地转动，以确保影像能落在中央凹。通常视觉包含短暂的注视（约每秒 3 次），以及与之相连的眼球的移动（主要是快速、大规模地移动，所谓"扫视"）。注视点发生转换往往是因为一些事物吸引了我们的注意力，或者我们基于知识或期望，知道下一步将看向何方（这一点后文会详述）。

这是一个可解决信息过载的极其优雅的方法。我们无须将整个世界的信息存储在大脑中，只要在需要时移动眼睛，提取目之所及的范围内的信息即可。

大脑处理过载信息的另一个方法是，仅处理有限范围内的可获得的视觉信息。任何一个场景都涵盖了不同层级的细节信息，这些反映在图像的空间频率上。图像的空间频率指一个人的目光从任一个特定方向穿过图像，图像会有一个从明到暗的变化频率。高空间频率包含图像中精密的细节信息（诸如树上树叶的轮廓）。低空间频率携带图像中大范围的变化信息（比如树与所在背景的大致差异）。图 1.2 展示的是选择性地移去高空间频率图像的结果。

不同的任务可能需要在不同的空间尺度上分析。

对于许多与驾驶相关的任务（如高速场景的分析、车道导航和防撞），我们实际上不需要那么多细节信息（高空间频率），有粗略的信息（低频至中频）就足够了。就像图 1.2 中，尽管丢失了细节信息，我们仍旧容易识别出汽车的外形。

图 1.2　图像过滤后，只显现出低空间频率信息

你可能很疑惑，我花了这么多时间来描述视觉系统的局限性，到头来却说视力的限制并不是发生交通事故的原因。那是因为，只有当你误认为视觉是以某种方式由我们"看到"的视网膜图像构成时，视觉"缺陷"才会造成问题。视网膜图像是粗制滥造的，但视觉

不是。

这里结合数据说明眼睛的运作流程以及可以实现的功能。每一只眼睛含有 1.27 亿个光敏细胞（光感受器），其中含约 700 万个视锥细胞，它们在日光下为你提供精细的彩色视觉。剩下的是杆状细胞，在昏暗的情境中为你提供较粗糙的单色视觉。你最敏锐的视觉主要基于中央凹正中央位置的约 20 万个视锥细胞，然而视觉系统的分辨率远高于你基于光感受器的尺寸而预想的数值。例如，眼睛在观察两条垂线时，能侦测两条垂线的最小偏差是该区域最小圆锥直径的十分之一，即使这些线在视网膜上移动，眼睛依旧可以看到这么小的偏差！这类视觉高敏感度的例子展示了大脑中有很多处理流程在进行。视网膜发出的电脉冲仅是一系列过程的起始点，这类过程旨在提取周遭世界中的有用信息。

预测和认知图式在视知觉中的作用

人类的信息处理很大程度上依赖图式（schemas）。这里的图式是指，从某一活动的大量特定实例中抽取要素形成某种归纳。图式在不同层级运作。在低层级，可能存在这样的行为图式，例如驶出路口，停在交通灯前，改变车道等行为，驾驶员日常可能操作了数千次，尽管每次细节不同。在较高的层级，可能存在固定行程的图式，例如从家前往超市或返回学校接孩子。这些高度重复的事件通常只在细节上有所区别。

图式使我们能够预料可能发生的事情，由此有效地作出反应。鉴于驾驶在大多数情况下是一种可预测且重复的活动，图式及人们对图式的预期可能在决定驾驶员行为方面起着重要作用。

知觉图式的存在得到了近来预测编码相关研究的支持。这些年来，主流观点始终认为，知觉处理过程仅是从较低级的脑区进一步到较高级的脑区。也就是说，视知觉是从分析基本的知觉属性开始，例如检测物体边缘，然后较高级的脑区把这些属性整合成抽象的物体表征。最终，这些表征会与观者对该物体的概念知识、对观者的意义联系起来。然而最近神经生理学研究显示，信息也在相反的方向上流动，从"高级"流向"低级"。较高级的脑区可能积极地测试一些相互矛盾的"假设"，这些"假设"是关于输入的信息代表了什么的。高级脑区调节较低级脑区的活动，以最大限度地获得信息，使人们能够从这些假设中作出选择。简而言之，大脑利用它对世界的认识来解释所感知的数据。大部分情况下，这是个非常有效的策略——只要这些假设是恰当的。

让我们回到本章开头的交通事故数据。如我所言，许多交通意外是在交叉路口发生碰撞。例如，一位司机从侧路开到一条车道上，该车道上正好有辆车迎面驶来，而且该车有优先行驶权。违章的司机常常说自己已经朝恰当的方向看过了，并没有看到另一辆车。为什么会有这类"视而不见"（looked but failed to see，简称 LBFS）引发的事故呢？最显而易见的解释是，从知觉的角度，迎面驶来的车子很难被看见。摩托车手和骑车人往往是这类事故的受害者，这一事实似乎支持了这个观点。有人认为，两轮车很小因而很难被看到，这可以解释为什么当车子从交叉路口驶出时司机未能看到他们。对此，有进一步的研究表明，"视而不见"事故并不是肇事司机低水平的视觉系统局限引起的，而是与注意力有关的认知系统失效引起的，这些认知系统受司机对其可能看到的东西的预期的影响。

你能通过观察事物如何出错来了解它的运作机制。通过进一步了解"视而不见"事故，我们可以深入了解知觉在驾驶中如何发挥作用。

影响注意力的两大因素

由于人所拥有的精密视觉只占视野的一小部分，人们不得不将注意力依次转向周围环境的各个部分，而不是试图一眼观察到整个场景。影响这个过程的主要因素有两个。一是注意力会自动、非自主地被外部刺激俘获，例如突然移动的物体或噪声。二是注意力也会受到内部因素的影响：它会受目标驱动，自主、有意识地朝向某处。

这两种因素的区别反映在可见性上，学者们通常将可见性称为"显著性"。一些"感知显著性"高的事物，如暗黑背景下的明亮物体，即使观察者未特意搜寻，注意力也会被这类物体吸引。"认知显著性"是指观察者主动搜寻物体时，物体可被发现的性能，这种显著性取决于观察者的心理状态和物体本身的属性。感知显著性更多基于数据导向、自下而上的处理过程；认知显著性则较多地依赖概念导向、自上而下的加工过程。

这两种显著性无须重合。举例来说，提供路线信息的路牌通常被设计成具有高感知显著性：它们又大又明亮，被放于很明显的位置（通常是这样的！）。对于需要了解路线信息的司机，路牌还具有认知显著性，因为司机正在积极寻找特定的信息。对于熟悉路线的司机，路牌无关紧要，甚至可能不会被发现，即使它具备高感知显著性。

除了刺激物本身的性质可以吸引注意力外，我们还应该考虑注意力的另一个方面，即注意力的广度：主观上，我们可以改变注意力的范围，如从覆盖宽广的区域转为聚焦于某处。通俗地讲，注意力类似变焦镜头。这暗示注意力就像一个探照灯，"光束"可覆盖整个场景，覆盖的范围也可以从宽到窄地变化。另一个流行的观点认为，个体在有压力的情况下，注意力会收缩至一个固定点——一种认知上的"视野狭窄"。也就是说，物体离这个固定点越远，越不容易被察觉。

司机在看什么?

有一种方法可以发现驾驶者在注视什么,那就是记录他们的眼球运动。这个方法假设驾驶者正在看他们所注视的事物。接下来我们可以看到,有许多证据表明情况并非总是如此,但追踪眼球运动可以让我们大致了解驾驶者如何分配他们的注意力。

罗纳德·莫兰特(Ronald Mourant)和托马斯·洛克威尔(Thomas Rockwell)在20世纪70年代的研究发现,驾驶者的眼球运动会因经验不同而产生有意思的差异。相较于有经验的驾驶者,新手的视觉更容易指向靠近车身的较小的区域,倾向于使用更窄的水平方向的搜寻模式,而且通常更少使用后视镜。新手注视的时间往往比有经验的驾驶者长,他们会更多地追踪眼球运动(如用目光追随物体),也不太能够利用周边视觉中的信息来操控车辆。

诺丁汉大学的杰弗里·安德伍德(Geoffrey Underwood)及其同事进行了大量研究,比较新手司机和有经验的司机在实验室和现实驾驶条件下的注视模式。他们延续了莫兰特和洛克威尔的研究成果,发现新手司机和有经验的司机在不同类型道路上的表现都不同。经验丰富的司机通常注意力范围更广，他们也会根据情况改变视觉搜索范围。与其他类型的道路相比，他们对双车道的注视，无论是在水平还是在垂直方向上都更广泛。在高要求的道路上，经验丰富的司机的注视时间较短，这可能是为了更多地提取场景信息。而不论道路的行驶难度如何变化，新手司机的注视行为几乎没有改变。

信田、海霍和斯里瓦斯塔瓦（Shinoda，Hayhoe，& Shrivastava，2001）的研究很好地说明了经验丰富的司机如何积极地对视觉环境采样，以便在实际需要时能获取信息。与当前任务直接相关的信息被获取，而无关的信息被忽略。研究的参与者在驾驶模拟器中绕着电脑生成的城镇行驶，时不时地，"禁止停车"的标志会短暂地变成"停车"标志，能否检测到这些变化取决于参与者对停车标志通常所在位置的了解程度，以及他们应该何时寻找停车标志的了解程度。例如，当路标位于一段路的中间时，参与者们注意到它的变化的可能性要比它位于交叉路口前时小得多。

眼球运动记录的研究表明，注视模式是由外部因素（自下而上）和内部因素（自上而下）相互作用决定的。司机的注视模式（也就是说，他们的注意力分配方式）很大程度上取决于过去的经验：司机通常知道该看哪里、该看什么以及什么时候看。像这样自上而下的对注意力分配的控制是非常高效的，但它也带来不利后果——这种策略，即搜寻你预期看到的东西，有时可能意味着你会忽略实际存在的东西。正如心理学家理查德·格雷戈里（Richard Gregory）曾经说过的："我们不仅要相信我们所看到的，还要看到我们所相信的。"

很难看到摩托车？

有75%的摩托车事故涉及与其他车辆碰撞（ACEM，2009）。在这些碰撞中，大部分情况下是其他车辆从交叉路口驶出或转向摩托车行驶的道路（见图1.3）。

当这些肇事司机被问及为何没有避让时，他们通常会说自己"看路了，但没看到摩托车"。许多研究者只看到表面现象，对这样的陈述信以为真，因为摩托车很难被发现似乎是常识，他们就认为最根本的问题必定是摩托车的尺寸小，很难被视觉系统检测到。这就促使人们大量研究如何"提高"摩托车的易见性，使其能够被其他驾驶者观察到。通常的方法是使用日间车头灯或荧光外壳来提高摩托车的亮度，然而另一个真正科学的方法揭示了这个思路是错误的。让我们一步步考量这些证据。

图 1.3　一起常见的摩托车事故：一辆汽车从交叉路口驶出，与一辆在主干道上有通行权的摩托车相撞

其一，当司机说他们没看见摩托车时，他们真正的意思是什么？

当司机说，"我看路了，但没看见摩托车"，这通常被理解为摩托车很难被看见，但这种理解并非司机实际表达的意思。我们真正能确定的是，司机声称朝迎面而来的摩托车的方向看去，但出于某种不明原因，未能意识到摩托车的存在。在科学领域，区分你所拥有的实际数据和对这些数据的理论解释是很重要的，但很多研究人员混淆了这两者。之所以会有这种对司机的陈述的传统解释，是因为研究人员已经作出假设，即摩托车车身很难被检测到。

其二，摩托车真的很难被看到吗？

的确，在相同的观察距离中，相比汽车或卡车，摩托车的正面区域要小得多。然而，较难检测和未能检测到是两码事。这些碰撞大多发生在光天化日之下，而且天气良好，更关键的是，*即使摩托车手离驾车的司机非常近，也照样无法避免碰撞*。在这些条件下，摩托车的显眼程度远高于感官检测的阈值：它们在驾驶员的视网膜上生成的是一个非常大的图像，应该不难被检测到（见图 1.4）。靠近你的小物体会在视网膜上产生一个大图像，在远处的大物体会产生小图像。比如，你把拇指靠近眼睛，拇指就能遮住你视野中的太阳，即便太阳差不多有 139.29 万千米宽。视网膜上图像的大小才是最重要的，而不是物体本身的大小。因此，近距离的摩托车其实看起来很大！

其三，为什么有些人可以看到摩托车，而有些人看不到？

了解摩托车或自己就是摩托车手的司机（"双重司

图 1.4　虽然摩托车的车身比其他车辆小，但它在视网膜上的图像大小才是最重要的——近距离的摩托车的视网膜图像比远距离的汽车的视网膜图像更大（图中汽车的图像被裁剪，放在摩托车旁边作对比，以说明这一点）

机"）不太可能看不到摩托车（Magazzù，Comelli，& Marinoni，2006；ACEM，2009），这些人和一点都不了解摩托车的人之间也不太可能存在系统性的视力差异。更有可能的是，前者驾车从交叉路口驶出前，会比不了解摩托车的人更有效地搜寻摩托车。如果他们能看到摩托车，任何人都应该能看见。因此，感官感受性低不能成为"视而不见"事故的主要原因。

其四，司机也会在"显眼"的车子面前突然驶出？

尽管由"视而不见"引发的交通事故是摩托车和自行车最常遭遇的事故类型，但司机有时也会在大型车辆，如卡车和公共汽车面前突然驶出。没有人会说自己看不到这些大型车辆。有的司机甚至会撞上停着的警车车尾，然后说自己事先没有看到警车（Langham et al., 2002）！很难说警车不易被看见，毕竟警车上有闪烁的灯光和显眼的标志。

其五，不过，日间车头灯和荧光外壳会使摩托车更易被看到。

证据显示，增加摩托车的可见性带来的益处微乎其微。在摩托车强制开启日间大灯的法规实施前后，对各国摩托车事故统计数据的研究普遍发现，这样做的效果并不明显。20 世纪 70 年代的实验研究被认为发现了增强可见性能带来益处，这个结论被广泛引用至今，但实际上它有严重的方法上的缺陷，导致结论无效。一项对 921 起欧洲摩托车事故的深入研究（ACEM，2009）发现，69% 的摩托车手在撞车时开启了车头灯，这表明使用车头灯并不能帮助他们被其他驾驶者发现。

即使增强可见性确实提高了其他驾驶者看到摩托

车的可能性，也无法证明它就能弥补感知缺陷，这再次混淆了数据本身（可检测性的提高）和对数据的解释。一种天真的解释是，增强可见性就能增强对摩托车产生的"信号"的感知，由此超过一些感官检测的阈值。另一种解释是，它提高了摩托车手的认知能力。

预期的作用

有强有力的证据表明，摩托车在感官上是不难被看到的。那么，为什么司机没能发现它们（或没发现停在路边的警车）呢？可能是因为他们有错误的预期或不恰当的图式。也许，行驶在十字路口的司机看到的大多是他们预期看到的，如正在靠近的汽车和卡车。摩托车手和骑自行车的人相对较少，只占交通总量的1%以下。它们是未被预料的，所以它们存在的信息无法到达司机的意识。换句话说，"视而不见"事故是由认知显著性问题引起的，而不是由感知显著性问题引起的。

预期会影响摩托车的显著性的证据有很多。我和丽莎·蒂勒尔（Lisa Tyrrell）做过这样一个实验：在反复向参与者展示使用车前灯的摩托车的幻灯片后，对没有车前灯的摩托车的幻灯片，参与者的反应要慢得多。即使它就在附近（因而在视网膜上成像很大），一些参与者也完全没有发现它。这种情况下，人的预期似乎已经构建了一种知觉"套路"或图式。

唐纳德·诺尔曼（Donald Norman）和蒂姆·夏利斯（Tim Shallice）提出了一个极具影响力的人类信息处理模型。他们认为，人们的许多例行行为都是由一个竞争控制系统相对自动地处理的，这个系统使用环境触发器来激活图式（请参阅第二章关于使用手机的讨论）。经验丰富的驾驶员因为多次驾车从交叉路口驶出，可能对这样的行为形成一个完善的图式。参与者反复接触使用车前灯的摩托车图片，可能会鼓励他们去寻找车前灯而不是摩托车，这个简单的感知属性足以激活应对"迎面而来"的摩托车的图式。更重要的是，没有亮车前灯会导致这种图式没有被激活，即使一辆摩托车就在眼前。开车常伴有相当大的时间压力，特别是在经过路口时。一种可能的应对方法是，使用最小的线索作为行动依据，而不是对现场进行冗长而详细的分析。

环境触发物经由经验发展，通常会是司机对所处环境进行详细的感知分析的有效替代物。因此，在感知中，一个前灯可能被提示为"摩托车"，一个闪光灯可能被提示为"自行车"，一个水平斑点可能足以被提示为"汽车"。检测这些触发物是不可或缺的，用以判断从一个路口驶出是否安全。然而，依赖环境触发物的一个不幸后果是，如果它们丢失了，司机可能无法检测到车辆，即使对车辆的感知远超过感知阈值（就像我们的实验中近在咫尺而没有车前灯的摩托车同样未被看到）。

这些研究结果表明，白天使用车前灯可能增强了摩托车的可见性，但这并不是因为它弥补了感知显著性的缺陷，而是因为它提高了认知显著性。它通过给司机提供一个将其与摩托车相联系的线索，或者提供一个不同寻常的信号，激发司机对摩托车的注意力。

这个解释也说明了为什么司机有时会撞上停在路边的警车。前文简要提到的研究（Langham et al., 2022）发现，这些撞车往往发生在警车直着停放时。在高速公路上，司机相对较少注意其他车，因为它们都朝着同一个方向，以大致相同的速度行驶。在这类道路上，在自己车道上几乎不会碰到静止不动的车辆。因此，如果司机看到前面有辆车，就有理由假设它和自己的车朝同一个方向行驶。静止的警车和移动的警车能触发相同的图式，逼近的警车（指警车在视网膜上的图像迅速扩大）并没有成为"汽车是静止的"明显线索，到采取规避行动时，为时已晚。我们发现，如果警车以45度角停放在高速公路旁，就会更快被注意到。停着的警车以这种朝向发出一个强烈的信号，表明它不同寻常——它不是一辆正在行驶的车。

综合而言，这些实验提供了很好的证据，说明司机有时可能看不到客观上非常明显的物体。高度的感知显著性并不足以保证物体被检测到。

驾驶环境中潜在的重要刺激可能会被完全忽视，这一观点得到了"无意视盲"现象的支持。人们可以直视某物，却不知它的存在，因为它没有被关注，即使这一未被关注的刺激物在中央视觉中出现了很长一段时间。西蒙斯和查伯里斯（Simons & Chabris，1999）的实验引起了公众的兴趣：参与者在观看人们玩传球游戏的视频时，热衷于关注谁将球传递给谁，以致通常未能注意到一个穿猩猩装的人走在玩球的人群中，正捶打着自己的胸口。

对于很多由"视而不见"引发的交通事故，无意视盲是一个合理的解释。一个准备从交叉路口驶出的司机预期看到的是汽车，因而会专门搜寻它们，以便作出感知判断（也就是说，判断其他汽车的距离是否足够远，以便安全地驶出）。如果把注意力集中在这一首要任务上，司机很可能不会有意识地观察骑摩托车或骑自行车的人，即使他们靠近注视点。

小结

视觉感知对大脑来说是一项极其困难的任务，我们开车时对视觉系统的要求很多。正如瑞典心理学家卡雷·鲁玛（Kare Rumar）指出的，当我们高速驾驶时，使用的是从祖先进化而来的灵长类动物的视觉系统，这个系统曾帮助我们的祖先以每小时16—24千米的速度穿行在热带和亚热带草原上。这个视觉系统为以下问题提供了快速但不精确的答案："我周围有什么？它对我是有用的还是危险的？"因此，当我们开车时，我们的视觉能力有时会让我们失望。

注意力对视觉处理来说是重要且不可或缺的。它决定了我们看到什么,什么时候看到,甚至决定了我们是否意识到。注意力的分配依据内部因素和外部因素之间复杂的相互作用。一方面,把注意力优先放在具有高感知显著性的刺激物上是很重要的,比如刺激物的亮度提高,物体突然出现等;另一方面,根据过去的经验分配注意力也很有意义,这样不用每次遇到一个新场景就要从头开始感知。关注可能与手头任务相关的刺激同样是明智的。这意味着,对驾驶者来说,感知显著性并不是注意力(以及意识)的唯一决定因素,内部因素同样重要,甚至可能超过感知显著性。

研究表明,许多归因于感官知觉失效的事故实际上是由注意力问题造成的。这不仅仅是学术意义上的差异,未能领会提高感知显著性并不能保证人们有意识地去检测的事实,已经使许多研究人员走入死胡同。在研究摩托车的可见性问题时,研究人员注重的是如何使摩托车更显眼,而不是探究如何确保摩托车能被司机意识到。这还导致一些令人遗憾的政策决定,比如欧盟决定强制汽车开启日间行车灯。这反而可能使摩托车手更不安全,因为它抹去了独特的表示"摩托车出现"的"速记代码"。与此观点一致的是，卡瓦洛和平托（Cavallo & Pinto，2012）发现，汽车的日间行车灯降低了其驾驶者对摩托车手、骑自行车的人和行人的觉察度。

一个熟练的驾驶者能够"阅读"前方的道路，结合视觉信息和过去的经验预测接下来可能发生的事情。预测为快速反应赢得了时间——尽管人的反应速度很快，但如果一个人必须持续地对实际状况作出反应，他的车速将很难超越步行速度。然而，正如我们所见，驾驶时基于所预期的而不是实际出现的东西，有时会有不利后果。

第二章　分心驾驶

信息娱乐（infotainment）是个大产业。汽车制造商们相互竞争，在汽车上使用大量便于与车外世界沟通的技术。大多数新车司机能通过蓝牙与车载音响系统连接进行手机通话，使用卫星导航，还能上网，有些还可以通过文本语音转换界面来发送和接收电子邮件。这些科技多么容易让人分心啊！

分心的定义

汽车制造商声称其信息娱乐系统是"安全的"，因为不需要司机把目光从道路上移开或让手离开方向盘。

然而，正如我们将要看到的，当司机的注意力在别处时，就算看着前方，仍旧会分心。实际上，分心的风险取决于许多因素，如行为引起分心的程度、行为的频率、行为的时长、行为完成的时间。你可以争辩说，在选择广播电台时也可能会使注意力分散，因为司机的目光离开了道路，手离开了方向盘。不过，在实际操作中，这样做可能没那么危险，因为这样做的频率相对较低，不需要耗费脑力，只需要一秒钟左右的时间就能完成，而且司机可以选择何时这样做。用手机接电话的风险更大，因为它会延长分心的时间；司机几乎无法控制电话何时响起，而且接电话常常耗费脑力。

研究表明，司机比你想象的更容易分心。美国弗吉尼亚理工大学交通学院对驾驶行为进行了一些自然主义研究。他们在志愿者的车上安装了许多小型摄像机以记录车内外的情况，还安装了前向雷达、乙醇传感器、加速计和GPS（全球定位系统）。然后让志愿者像往常一样开车四处兜风。由于交通事故是相对罕见的事件，大多数同类研究的规模都很小，无法对碰撞及导致碰撞的事件得出确切的结论。弗吉尼亚理工大学2016年发表的研究与以往研究不同，研究人员在3年时间里监测了 3 500 多位司机，记录了约 5 632 万千米的驾驶数据，这足以捕捉到相当数量的事故样本并加以研究。

汤姆·丁阁仕（Tom Dingus）及其研究团队观察了 905 起涉及受伤或财产损失的交通事故。他们的研究使用了一种"案例对照"技术：他们观察司机在车祸发生前的即刻行为，并将其与大量没有导致车祸的基线样本作比较，这使得研究人员能够计算出司机在执行某种特定行为时与作为模范司机（警觉、专注、清醒）时发生撞车事故的概率比。

总的来说，司机在开车时有超过一半的时间在做分散注意力的事情，这些时候撞车的风险比他们不分心时增加了一倍。分心的事情有许多，如吃东西、喝饮料、抽烟、调整车辆状态、与乘客交谈、打电话、发短信，等等。不同的分心状态与不同的风险程度有关联，如司机使用触屏电子产品时撞车的概率是他们没有分心时的 5 倍；如果使用手机，撞车的概率会再增加约 3 倍。有趣的是，这与雷德梅尔和提布施瓦尼（Redelmeier & Tibshirani，1997）早期研究司机使用手机的结果非常相似。丁阁仕等人的研究还表明，司机驾驶时有 6% 的时间会使用手机。根据数据，丁阁仕及其同事得出结论，在美国每年发生的 1 100 万起撞车事故中，如果司机不分心，有 400 万起是可以避免的。

最受关注的分心物：手机

心理学家最关注的分散司机注意力的东西是手机。一边开车一边打电话安全吗？许多政府禁止司机驾驶时手持手机，但允许使用免提功能通话。正如前面提到的，这种立场是基于这样的假设：如果司机双手放在方向盘上，眼睛看着路，他们就是在安全驾驶。然而，现在有大量证据表明，无论是手持手机还是打开免提，司机都明显会受通话的干扰。

这已经能用各种各样的技术证明。许多研究设置的实验任务与英国驾驶考试中的危险感知测试有部分类似：参与者观看从司机角度拍摄的视频片段，寻找危险时刻。每当参与者发现危险时刻，他们要尽快作出反应，按下按钮或踩刹车踏板。有的研究记录了司机驾驶模拟器时的表现，测试他们控制车辆的能力（比如保持行车车距、保持车道等），以及对行人突然进入车道或前车急刹等事件的反应能力。有的研究人员在封闭的测试跑道和公共道路上研究安装了测量仪器的汽车的真实驾驶情况。有许多研究调查了使用手机时司机的眼球运动如何受影响，还有的使用脑电设备探究使用手机对司机大脑活动的影响。

心理学中很少有哪个领域的研究结果如此一致。阿奇利、德兰和塞勒哈内贾德（Atchley，Tran，& Salehinejad，2017）汇总了 342 项关于驾驶者分心的研究数据。对于驾驶时使用手机的影响，他们得出的结论非常清楚：在 147 项能力测试中，82% 的测试结果显示手持手机会造成干扰。这与免提电话对驾驶的影响惊人地相似：在 270 项测量中，81% 的测试结果显示，后者有干扰作用。

当司机使用手机时，无法持续地将注意力放在保持车道和车距（车头时距）上。之所以这些成为早期研究的重点，很大程度上是因为驾驶能力很容易量化。但从道路安全的角度来看，使用手机产生的最严重的后果是损害认知功能。许多研究已经表明，使用手机的司机很少注意到危险，他们要花更长的时间对他们发觉的危险作出反应，在必须紧急刹车时的反应时间要比没有分心时至少多半秒（许多研究表明，这一反应时间可能更长，半秒只是一个非常保守的估计）。半秒听起来可能不算多，但在时速 113 千米（约 70 英里）的情况下，一辆汽车以每秒约 31 米（101.7 英尺）的速度行驶。在高速公路上使用手机的司机，刹车距离将会在正常刹车距离的基础上增加 15 米，这是大约四辆福特嘉年华车的长度。也就是说，相差半秒的结果是发生车祸与安然无恙的差别，或者是在碰撞中幸存与殒命的差别。

眼球追踪研究表明，使用手机会影响司机的扫视模式：他们倾向于直视行进的方向，很少注意车辆的侧面或后面，对这些区域发生的事件的反应也不太灵敏，有"认知视野狭窄"的表现。他们也可能对眼前发生的事件反应迟钝：眼球追踪研究表明，即使他们的眼睛直盯着有危险的事物，也可能对潜在的危险反应迟钝（见第一章中关于"视而不见"事故的讨论）。

在第一章中，我提到了无意视盲：如果你全神贯注于执行一项视觉任务，就可能完全无法意识到与该任务无关的变化，即使它们发生在同一区域。海曼等人（Hyman et al.，2010）的一项研究很好地证明了使用手机会导致无意视盲。该实验拍摄了行人穿过一个院子的情形，院子里有一个骑独轮车的小丑，研究者记录行人是否独自行走，是否分心，是否和朋友一起行走，是在使用 MP3 音乐播放器还是使用手机。海曼等人发现，使用手机的人更经常撞到其他人；当行人离开广场时被问及是否看到了不寻常的东西时，只有 25% 的使用手机的人说看到了小丑，而 61% 的使用 MP3 的人说看到了小丑。

所有这些对驾驶者行为的影响可以归结为"情境意识"问题。在开车时，拥有良好的情境意识意味着你完全明白路上的其他人正在做什么，你能准确地预测他们在不久后可能做什么。使用手机的司机表现出的大多数功能受损可以被视为潜在的情境意识不足的症状。他们的"眼睛冻结"意味着，除了车前方的区域，他们无法获得任何信息。如果他们专注于自己的"内心世界"，甚至对车前区域的信息也不会关注太多。使用手机时，司机较少观察后视镜，导致他们不知道后方与侧方发生了什么。因为对周围情境的意识不足，他们无法预测即将出现的危险，也无法应对意外事件。

最后，脑电图研究显示，即使在通话结束后，该次通话依旧会分散注意力。沉思（对通话内容的沉思）会削弱司机检测危险的能力，此时司机的脑电图也发生变化——大脑视觉区域的活动减少，而参与解决问题区域的活动增加。这可能解释了二十多年前雷德梅尔和提布施瓦尼（Redelmeier & Tibshirani，1997）对现实驾驶情况研究中的一个奇怪发现：使用手机的司机发生事故的风险增加，不仅仅在通话期间，在结束电话后的10分钟内亦如此。

美国犹他大学的大卫·斯特雷耶（David Strayer）及其同事对手机的使用与其他潜在的干扰因素作比较（引自 Strayer，Watson，& Drews，2011）。通过使用模拟器，他们发现手机通话比单纯听广播剧更能扰乱司机的驾驶行为。被动地听广播剧消耗的脑力资源比交谈要少得多，因为与人交谈是互动的：司机必须对对方说话的内容解码，记住它，并想好自己要说什么。一次谈话很可能会涉及思考问题的解决办法，这会额外消耗脑力。

上述理论不仅适用于与车内乘客的对话，也适用于通过手机对话，不过通过手机交谈比与乘客交谈更容易让人分心。研究表明，被蒙住眼睛的乘客比能看见东西的乘客更易让人分心。首先，能看见东西的乘客了解司机所处的情境，他们可以看到交通状况，因而能评估司机是否有能力边说话边开车。他们可以调整自己的谈话行为以适应情境，也许会在司机通过一个棘手的交叉路口或一个环形路口时暂停谈话。在电话另一头的人，就无法做到这些。其次，面对面的交谈使用了许多微妙的非语言线索，以便交替说话。与非面对面的人对话是在没有这些辅助信息的情况下进行的，是更艰难的脑力活动。

注意力和"一心二用"的理论模型

显然，使用手机会影响驾驶表现，但为什么会这样呢？毕竟，在某些情况下，我们确实能够相当有效地同时处理多项任务。我最喜欢的例子来自 19 世纪的作曲家和演奏家弗朗茨·李斯特（Franz Liszt），他能一边看书，一边练习音阶和琶音好几个小时。为什么司机不能一边开车一边打电话呢？为了回答这个问题，我们要考虑"一心二用"的理论模型。

认知心理学的一个核心观点是，人在任何一项或几项任务上分配的心智资源都是有限的。大多数关于注意力和行为表现的现代理论都认为，在某种程度上，我们可以将心智资源分配到不同的活动中。一个流行的观点是，信息处理发生在多个不同的层次上，有些是有意识的，有些是无意识的。诺曼和沙丽斯（Norman & Shallice，1986）的信息处理模型表明，人有两种不同的控制行为的方式：一种是较低级别的竞争程序系统，它是自动的、快速的，但相对不灵活；另一种是较高级的监察注意系统，它是慢速的、灵活的，但需要有意识参与的信息处理系统（因此会占用有限的认知资源）。环境诱因会激活不同的图式（即行为模式），这些图式会以一种相当自动的、反射性的方式运行。如果出现了竞争图式，由竞争程序系统决定执行哪个模式。我们的许多日常活动都可以用这种方式来处理。然而，在不寻常或复杂的情况下，监察注意系统可以干预和控制行为。

这个模型解释了有经验的司机是如何同时做两件事的。很多日常驾驶都是例行的和可预测的，特别是在熟悉的道路上，所以日常驾驶可以由竞争程序系统处理，让监察注意系统自由地处理电话交谈这一行为，此时的车辆控制（变速、转向和刹车）等行为是相当自动的，甚至连选择车道和改变速度这样的事情，都很少需要有意识的控制。许多司机有过这样令人不安的经历：他们在一条熟悉的路线上行驶，到达某个地点时突然意识到他们想不起来怎么就到这里了——这就是所谓"无感知驾驶模式"（见第六章）。如果发生了一些不寻常的状况，比如路上的行人突然进入车前方的道路，监察注意系统就会来接管。

诺曼和沙丽斯的模型解释了司机如何在驾驶要求不高的情况下做到边驾驶边使用手机，以及为什么当情况突然变化、需要紧急响应时，他们却无法应对了。然而，这个模型并不能公正地说明驾驶不是一项单一的任务。丹麦的延斯·拉斯穆森（Jens Rasmussen）是一位极具影响力的人因学专家，他认为驾驶由三个层次的行为组织起来。最低的一层是车辆控制（转向、变速、制动等）；中间一层是"战术"，包括对标识、行人和其他车辆等的注意；最高的"战略"层次包括路线、出发时间和速度等的选择。虽然可能在竞争程序系统的基础上实现车辆控制，但更高层级的驾驶至少需要某种程度的有意识控制。因此，即使在非紧急情况下，使用手机对驾驶的干扰程度也可能大于根据诺曼和沙丽斯的模型在司机能否处理多任务问题上的应用后所预测出的结果。

克里斯托弗·威肯斯（Christopher Wickens）的关于信息处理的多资源理论（multiple resource theory）采用了一种更精细的方法来处理多任务情况下的资源分配，试图更精确地说明在什么情况下任务会或不会发生冲突。威肯斯认为，关于资源，有三个维度需要考虑：信息输入的感官方式（如听觉、视觉或触觉）；信息编码的方式（如空间上或口头上）；需要的反应类型（如手动的或声音的）。如果任务在这些维度竞争相同的资源，它们将相互干扰。

乍一看，多资源理论似乎认为驾驶和使用手机是可以兼容的两个任务。可以说，驾驶涉及视觉输入、空间编码和手动输出，而用手机交谈涉及听觉输入、语言编码和声音输出。这两个任务的资源在各自的三个维度上应该是完全不同的，似乎不太可能相互干扰。然而，研究表明，用手机交谈实际上是一项更多涉及空间和视觉的任务，这与人们最初的想象不同。这是因为用手机交谈经常涉及视觉表象，视觉表象和现实世界的感知共享大脑区域，直接竞争相同的处理资源。布里格斯、霍勒和兰德（Briggs，Hole，& Land，2016）比较了需要使用视觉表象的交谈和不需要使用视觉表象的交谈对危险检测的影响。结果显示，两种类型的谈话都增加了参与者检测危险的时间，但这些影响在诱导视觉表象的谈话中更糟糕。使用手机的司机有时可能更关注他们内心的、想象中的视觉世界，而不是车外的真实世界。他们更有可能错过应该关注的事件，比如新出现的危险情况。

一旦你理解了使用手机的本质，也就能明白多资源理论预测的驾驶行为和使用手机行为会争夺相同的资源（视觉输入），因而会相互干扰。这也解释了李斯特如何能同时弹奏和阅读：练习音阶包括听觉输入（击打正确的琴键）、空间编码和手动输出；阅读包括视觉输入、语言编码，除了偶尔翻页之外，很少有手动反应。

还需要注意的是，在李斯特的例子中，其中一项任务（练习音阶）是李斯特非常熟练和高度可预测的，达到可以自动完成的程度。相比之下，开车和使用手机都是复杂的任务，本质上是易变的，因此很难有效地结合起来。

司机为何要使用手机?

使用手机对驾驶表现的影响如此之大,为什么司机还要这么做呢?尽管有一系列宣传活动警告使用手机的危险,媒体也报道了司机使用手机造成的致命事故,但这一现象仍然很普遍。

计划行为理论(theory of planned behaviour)认为,一个人从事某种行为的可能性是由该行为的利益、成本和可接受性决定的。对许多司机来说,使用手机有很强的即刻益处,比如避免无聊,提高工作效率,与朋友和家人保持社交联系。驾驶中用手机能被感知到的成本很低,因为司机认为自己使用手机时几乎没有发生事故的风险,被警察抓住的概率也非常小。开车时使用手机对很多司机和他们的同龄人来说都是一种可以接受的行为。

令人意外的是,许多调查显示,许多司机承认在开车时使用了手机,尽管他们注意到其他司机使用手机时会受影响!这种逻辑上的不一致背后可能有许多心理因素,如人们常常表现出"自我服务偏差":与他人相比,人们对自己的能力(还有运气!)有一种夸大的看法，所以认为*其他*司机使用手机会受影响，但*自己*可以妥善应对。正如我们将在第五章看到的，人们对风险的评估是相当不理性的，人们高估了自己对驾驶状况的掌控能力，且持有防御性信念，比如"虽然我开车时使用手机，但我很安全，因为只有当路况平稳时我才这么做"，"我和前车保持了足够的距离，这样我打电话时反应慢一点也没关系"。周荣刚、于孟利和王昕怡的研究（Zhou，Yu，& Wang，2016）表明，这些防御性信念在使用手机的司机身上很常见，也确实是*预测*司机是否会在驾驶中使用手机的重要指标，有这样信念的司机更有可能在开车时打电话或发送信息。（使用手机的司机通常会尝试做些补偿，比如会放慢速度，与前车保持更大的距离。然而，由于司机低估了他们实际受到的影响，这些行为增加的安全度是微不足道的。）

司机对风险的错误认知因为交通事故的低发而变得更糟，开车时使用手机通常不会立即引发不利后果。每一次没有发生事故的出行都会强化司机"使用手机是'安全'的"这一错觉。使用手机的司机被通话分散了注意力，这使他们缺乏情境意识。而行车轨迹相对可预测，司机能采用成熟的驾驶图式来弥补缺失的情境意识，但司机既没有注意到自己在驾驶中的不当行为（包括他们没有发觉的意外危险），也没注意到其他司机的行为并以此纠正自己。他们很少收到关于他们糟糕的驾驶行为的反馈，除非真的发生事故。

在第三章中我们将看到，许多司机认为，"好司机"是有良好的车辆控制技能而不是良好的风险感知能力的代名词，所以如果让他们监视自己的驾驶过程，他们会认为自己在方向和车道方面的选择和保持没有问题，还会得出结论——他们的驾驶没有受手机的影响。当然，政府在使用手机的合法性方面政策不一致（如允许免提通话但禁止手持通话），这也让许多司机被误导，以为免提通话是"安全"的。

收发短信

当然，开车时最容易分心的是收发短信——但这种行为很普遍。调查显示，总体而言，约30%的司机承认偶尔会在开车时发送或阅读短信。但在年轻的司机群体中，这一比例为50%—70%，这尤其令人担忧，因为 25 岁以下的人是最容易发生车祸的年龄段（见第三章）。再次强调，计划行为理论可以解释为什么司机会做这种愚蠢的事：社交被认为好处很多而成本（发生意外或被监控到的风险）较低；而且，至少在年轻司机中，驾驶时发短信是他们可接受的行为。

与使用手机通话一样，司机只有在静止时（如等红绿灯时）或他们认为路况安全时才发短信，他们觉得这样可以减少驾驶风险。然而，即使如此也是危险的，因为沉思会消耗脑力，且有可能在交通灯转换前短信还没发完。此时司机必须记住他们的短信写到哪一句了，并记住想要写的内容以及需要利用下一个机会完成短信。鉴于短信很可能是交流的延伸，这会对记忆产生额外的要求，很明显会分散注意力。

杰夫·卡尔德（Jeff Caird）及其同事 2016 年进行了一项关于驾驶时发短信的调查，得出的结论是：发送或阅读短信严重影响驾驶行为的方方面面。对基于语音沟通的免提界面的研究表明，免提也不是解决方案。虽然发短信造成的主要损害显而易见（注意力从外部世界转移和车辆控制障碍），但就思想不集中和增加大脑工作量而言，发短信也会对认知有影响，而这些都不能用免提这一方式有所改善。

小结

人类天生容易分心。在人类过去的进化过程中，不过分专注于一项任务，对可能的捕食者、敌人等保持警惕是有益的。开车时分心几乎不可避免，期望司机100%专注于开车是不现实的。开车时因打电话或发短信而造成长时间的自我干扰，则是另一回事。

我们很难确定分心如何转变成事故风险的增加（尽管丁阁仕等人对自然驾驶的研究给了我们一些想法）。现在有大量的研究表明，使用手机（更不用说发短信了）明显地损害司机的行为表现。无论是手持手机还是免提通话，都是如此。就分心程度而言，打电话和在车里跟人说话是不一样的。更糟的是，处于最容易发生事故的年龄段（25岁以下）的司机，最可能一边开车一边打电话或发短信。

大多数时候，司机们似乎都能一边使用手机一边开车而不发生车祸，对此的一种解释来自斯坦顿

（Stanton et al., 2006）的分布式情境意识概念。在本章的前面部分，我们从单个司机的角度考虑了情境意识，但是您可以认为它是分布式的，在既定区域的司机之间共享。这就形成了一个宽容的系统：如果一个司机因为分心而减少了情境意识，其他拥有更充足情境意识的司机可以弥补这一点，因此不会产生不良后果。简言之，其他司机可以弥补分心司机的糟糕驾驶行为，事故只会发生在分布式情境意识无法应对的情况下。例如，当有个人突然离开人行道并走进机动车道，此时一切都取决于离该事件最近的司机的情境意识，如果司机碰巧被电话交谈分散了注意力，事故就很可能发生。

正如汉考克、莱施和西蒙斯（Hancock，Lesch，& Simmons，2003）明确指出的："驾驶是一种长时间的次关键要求穿插着关键反应的行为，或者是数小时的无聊穿插着惊骇时刻的行为。"驾驶环境相对比较宽松，因为系统中存在可预测性，其他司机可以弥补分心司机的缺陷。因此，大多数时候，分心的司机都能应付自如。当需要紧急响应的意外事件发生时，问题就出现了。这时，肩负"双重任务"的司机会发现自己的准备严重不足，无法应对这种情况。

第三章
驾驶、风险、年轻人——三者的关系

许多人都不愿意站在陡峭的悬崖边上，如果再向前几步，就会跌落而亡。我们大多数人在高速公路上开车时却很惬意，尽管迎面而来的车辆离我们只有几英尺。与其他活动相比，为什么我们通常对驾驶的风险毫无顾虑？我们如何评估驾驶的风险？为什么有些人开车比其他人更爱冒险？

风险感知理论

关于人们如何评估驾驶风险的解释，很大程度上是由"风险补偿"的概念主导的。风险补偿指司机会调整他们的行为以保持一定的可承受的风险水平；如果驾驶环境更安全，司机就会更冒险，反之亦然。（当人们发现我从事心理学研究时，他们经常会告诉我，如果在方向盘中心安装一个10英寸长的钉子，人们开车会更安全。但正如我们将看到的，这样做并不会更安全。）

杰拉尔德·王尔德（Gerald Wilde）的风险均衡理论（risk homoeostasis theory，简称RHT）提出，我们每个人都有一个首选的风险"目标水平"，我们通过调整自己的行为来维持这个水平。颇具争议的是，王尔德声称许多安全措施注定会因风险均衡理论而失效，如防抱死刹车系统（anti-lock brakes system）[①]。如果司机觉得更安全了，他们就会有更冒险的驾驶行为，这样一来，事故率还是保持不变。王尔德认为，提高道路安全的最佳方法是提供一定的激励以改变人们的风险目标水平：他们必须自发地想要更安全地驾驶。

司机们似乎表现出一定程度的风险补偿行为（例如，当他们使用手机时，他们会增加与前车的车距，见

[①] 在紧急刹车时，该系统短时间内会使车辆频繁点刹，确保车轮不会彻底抱死。——译者注

第二章），但风险均衡理论不太可能是正确的，因为它与我们所知道的冒险行为和决策的心理学知识不一致。风险均衡理论的一个基本假设是，个人可以准确地估计他们所面临的风险的水平，但实际上有很多证据表明，人们对风险的判断相当差。

首先，司机不太可能得到关于他们行为风险的详细反馈。许多危险行为（如弯道超车）可能持续了很长时间而没有不良后果，因此司机也无法确切地知道这类行为到底有多危险。其次，人们的风险水平并不完全由自己掌控，因为他们可能是事故中无辜的受害者。最后，对司机来说，要准确地估计自己面临的风险，就需要对已经发生在自己身上的险情有良好的记忆，包括幸免的事故和已发生的事故。但事实上，司机对事故记录的记忆以及他们估计自己所承受风险的能力很容易出错（见第五章关于性格的部分）。

反对风险均衡理论的最强有力的证据来自决策心理学研究，该类研究表明，人们非常不善于对事件发生的可能性作出理性估计。特沃斯基和卡尼曼（Tversky & Kahneman，1973）的一系列极具影响力的研究表明，人类经常使用各种启发式作为行动的基础，这些粗糙的经验法则可以相当容易和快速地为问题提供答案，但并不总是准确的。

其中一条经验法则是"可得性启发法"：人们的推理受到相关信息在脑海中出现的难易程度的影响，这使人们在评估事故发生的可能性时误入歧途。许多人对航空、火车和汽车出行的相对安全性有一种严重扭曲的看法：飞机失事罕见，它们的发生会吸引很多媒体的关注，这使得发生空难的可能性对人们来说更"醒目"，导致他们高估自己遭遇空难的风险水平。

风险均衡理论提出的最后一点是，司机往往会夸大自己的能力。调查经常发现，大多数司机认为自己的驾驶技术比其他司机更熟练、更安全。为什么许多司机认为自己比一般人好？其中一个原因是，相比别人的行为，人们往往更喜欢自己的行为，因此认为自己的错误不如别人的错误严重，或认为自己的行为更有正当性。归因理论认为，人们倾向于把自己的行为归因于所处的环境，而将他人的行为归因于他人稳定的个人特质。一个司机因而会认为自己的错误是由情境造成的（例如，"我闯红灯是因为阳光太亮了，很难看到红灯"），但其他司机犯错是因为他们身上有坏司机的特质（"他闯红灯是因为他鲁莽或疏忽")。

司机对自己的能力有这种扭曲观念的原因之一是，在通过驾考后，他们很少得到对自己驾驶能力的独立评价。邓肯、威廉姆斯和布朗（Duncan，Williams，& Brown，1991）发现，经验本身并不一定会促进驾驶技能。对于观察、预判和安全距离，有经验的司机（即那些只是开了很长时间车的司机）比新手表现得更差。阿玛多等人（Amado et al.，2014）的研究也得出类似结论，他们比较了在80分钟的路程中司机对自己驾驶水平的评估与专业观察员的评估。与观察员的看法相比，95%的司机高估了他们驾驶能力的各个方面，被观察员认定会"不安全驾驶"的司机更是如此。观察员评分和司机自我评估之间的差异随着司机经验的增长而加大，这表明经验并没有使司机形成更好的自我认知。

司机对自身技术水平的错误认识可能导致他们低估发生事故的风险，这也影响他们对事故统计数字的看法，且强化他们的这一信念——事故会发生在其他人（如技术差的司机）身上，我之所以没有发生事故，主要是因为我的技术好，而不是因为运气好。

现在，让我们回到在方向盘上放置钉子以提高司机的安全意识的想法上来。研究表明，行为冒险的人不会以其他方式来弥补。例如，不系安全带的司机往往是年轻男性，他们更容易危险驾驶，换句话说，他们是最容易发生车祸的那类司机。他们有更高的事故发生率和违章率，摄取更多的毒品和酒精，更可能驾驶时手持手机（一种增加事故风险的行为，见第四章）。

所有这些研究都表明，最有可能发生事故的司机是那些最不可能试图补救自己增加的风险的人。风险均衡理论有两种方式解释这些发现。一种是认为冒险的司机比其他司机愿意接受更高的风险目标水平，这似乎难以置信。另一种可能是，冒险的司机低估了自身行为的危险性；他们努力将目标风险维持在与他人类似的水平，但依旧严重低估了他们实际面临的风险。莱施和汉考克（Lesch & Hancock，2004）的研究表明，至少对女司机来说，她们对驾驶时使用手机的能力的信心程度与实际驾驶表现没有关系。综合来说，司机可能会低估自己行为的风险，因为他们高估了自己的能力。

布朗和戈登（Brown & Cotton，2003）提供的证据表明，超速驾驶者可能持有"风险消解"的信念，这使他们低估与超速相关的真正风险。例如，与不超速驾驶的人相比，超速驾驶者更有可能同意这样的说法——"我可以在这样的速度下安全驾驶"，"只有真正的高速是危险的"。这些信念是错误的，在某种意义上，这些信念所想象的情形与事故统计的结果是相反的。布朗和戈登指出，超速驾驶的司机可能处于一种自我欺骗的状态，类似于那些相信运动可以降低患肺病风险的吸烟者。就目前的争论而言，重要的一点是，这再次证明了人们在判断风险时是不理性的。

总而言之，我们对风险感知心理学的所有了解都表明，人们不太可能准确地评估风险水平，从而使风险均衡理论发挥作用。人们实际上很不善于评估自身活动的风险；风险评估是非理性的，容易受到许多外来因素的影响而产生偏差。

对司机行为的另一种解释包括这样的观点——根本没有任何风险感知，因为司机感觉不到他们正在从事危险行为。虽然驾驶可能是大多数人从事的最危险的活动，但从绝对意义上讲，它仍然是非常安全的。2016年，英国共有581 776人死亡，其中只有1 792人死于交通事故。而那一年，英国有3 700万辆有牌照的汽车。

海基·苏马拉（Heikki Summala）的"零风险"驾驶理论（"zero-risk" theory）提出，驾驶者很少考虑风险，相反，他们主要通过维持自身的安全距离来控制风险。例如，保障在汽车周围有一块不受其他驾驶者干扰的空间，与其他车辆保持符合要求的碰撞时间（time-to-collision，TTC），这些行为在很大程度上是习惯性和自动的。

苏马拉认为，事故的发生是因为司机低估了驾车的实际风险。首先，他们没有考虑交通系统的可变性。例如，他们可能没有考虑到前面的人会突然刹车，或者另一个司机可能会毫无预警地变道。其次，司机的安全余量往往不足，因为他们开得太快。司机们高估了速度作为一种更快到达目的地的手段的作用；他们不愿意放慢速度，而是用速度给人留下深刻印象。

归根结底，苏马拉的理论和王尔德的理论存在同样的问题：尽管这两个理论在解释司机为何选择冒险时很有用，但它们无法告诉我们谁会在何时、出于何种原因去冒险。为此，我们需要观察高风险驾驶者，试着找出他们与低风险驾驶者的区别。

不同的风险类型

风险感知理论的一个局限在于，没有认识到明显的危险行为可能由各种因素引发，而不仅仅出于驾驶者的风险评估。基于《司机行为问卷》的结果，詹姆斯·里森（James Reason）及其同事认为，司机的异常行为可以分为三种类型：错误行为（不符合当时情境的行为，如没有注意到"让路"标志，或本应左转却右转了）、遗漏和失误（无意遗漏的行为，如忘记关闭转向灯）、违章行为（故意违反交通安全法规，如闯红灯）。

总的来说，在里森等人的最初研究和随后的多次研究中，女性在驾驶中的操作错误比男性多，但男性的违章行为更多。上文的三种异常行为表现出不同的年龄模式：随着年龄的增长，司机的违章次数减少，失误次数增多；错误行为不会随着年龄而改变；对于违章行为，社会和动机因素很重要；遗漏和失误行为被认为是信息处理失败的表现。违章次数最多的参与者认为自己是技术特别熟练的司机，他们似乎认为一个好司机能够灵活变通。然而，实际研究表明，事故与违章倾向有关，而不是与犯错倾向有关。年轻的男性司机是最容易发生事故的群体，也是违章数量最多的群体。

事故风险最高的司机：年轻司机

事故统计数据清楚地表明，事故发生的风险因司机的年龄和性别之不同而有很大差异。年轻司机（25岁以下）面临的风险最大，尤其是男性。在英国，这个年龄段大约有四分之一的司机在通过驾驶考试后的两年内发生过事故。在世界范围内，道路事故是青年死亡的首要原因（World Health Organization，2015）。

随着年龄的增长，交通事故率会下降，中年司机（40—50岁）的事故率最低。75岁以上的年长司机发生事故的风险会再次上升，但不会上升到年轻司机的风险水平。女性的年龄与交通事故率的关系模式与男性相似，但在所有年龄段，女性的事故率都比男性低（约为男性的一半）。

为什么年轻司机，尤其是年轻男性司机，比年长司机更容易发生事故？当你想到年轻司机通常有最好的视力、最快的反应时间和可能最好的车辆控制技能时，更会觉得这和上述前提是矛盾的，这些同样是许多司机（尤其是年轻司机）所认为的安全驾驶的重要特征。

有限的驾驶经验

最显而易见的原因是年轻司机的驾驶经验有限。这就带来一个问题，年轻司机的车技优于他们的危险感知能力。这导致新手司机开得很快，却因没能体察周围的危险情形而意识不到这种车速是危险的。研究表明，司机会错误地将"安全"等同于"高水平的车辆控制技能"，尤其是年轻男性司机。实际上，安全驾驶与良好的危险感知有关，与控制技能无关。还有一项研究发现，职业赛车手在公共道路上行驶时，发生的事故比普通司机多。

危险驾驶的社会心理效益

缺乏经验并不是全部原因，否则年轻男性和女性的事故率会差不多。并不是所有年轻司机都会出事故，之所以有些司机驾驶的风险更大，肯定还有其他因素在起作用。其中之一就是年轻男司机把开车当作一种增加自己在同龄人中名声的工具。研究人员逐渐意识到，危险驾驶不仅仅是行为失常，它对年轻司机来说还有

"益处"。

澳大利亚心理学家布赖迪·斯科特-帕克（Bridie Scott-Parker），马克·金（Mark King）和巴里·沃森（Barry Watson）认为，年轻司机选择开车往往是出于"社会心理"原因，而不是为了到达特定目的地。年轻男性开车更有可能是为了在同龄人中获得地位感、权力感和放松身心，而女性开车更多的是为了获得自由和独立感。那些说开车是为了获得社会地位和与朋友在一起的司机，更有可能危险驾驶（超速和追尾）。年龄十几岁的司机驾驶时，如果有其他青少年（如他们的朋友）乘客在车里，就更可能发生事故。一些国家认识到了这一风险因素并实行了分级驾驶执照制度，这些方案通常禁止年轻司机搭载乘客，尤其是在晚上。

你的驾驶行为承袭于家人

陶布曼-本-阿尔（Taubman-Ben-Ari）及其同事一直对朋友和家庭如何影响年轻人的驾驶行为很感兴趣，他们的研究与前人的研究结果一致。之前的研究表明，父母以多种方式影响孩子的驾驶行为。亲子关系的质量很重要：那些声称在情感上与家庭很疏离，或无法实现独立和自主的年轻司机，往往承认他们驾驶的风险更大，比其他年轻司机发生的车祸数量更多。驾驶行为更安全的年轻司机则往往会说，父母监控着他们的驾驶行为，对他们什么情况下可以开车以及如何开车、什么是不安全的驾驶行为（如使用手机或不系安全带）制定了明确的规则。父母的标准不仅会直接传达给孩子，还会通过父母自己的开车方式体现出来：开车时，父母是孩子重要的榜样。

陶布曼-本-阿尔长期提倡开发驾驶行为的"整体"模型，设想鲁莽的驾驶行为是年轻司机的个人特征和对各种环境影响（如朋友和家人）的感知和解释的结果。年轻的男性司机很可能将危险驾驶视为一种挑战，高估自己的应对能力，忽视可能的后果（要么是出于无知，要么是错误地认为自己是无敌的），并过分受到不安全榜样的影响。

小结

尽管从直觉上看很有道理，但几乎没有证据表明驾驶者的风险是由风险补偿决定的。与推理有关的心理学理论表明，人们对驾驶风险的估计很大程度上受到非理性因素的影响，比如可得性启发法和司机认为他们能控制风险程度的心理。司机对自己的行为的风险评估可能被错误的信念扭曲，这种错误的信念源于自我服务偏差（"我比其他司机强"）、乐观偏差（"事故发生在别人身上，而不会发生在我身上"）和防御性信念（"我可以加速，因为已经深夜了，周围没有车"）。

最大的问题可能是大多数司机根本不认为开车是特别危险的任务。交通事故已经普遍到除非是特别惊人或悲惨的车祸，否则不会受到媒体关注。因此，开车的危险不太可能成为人们最关心的问题。此外，美国道路交通事故的涉事者有 3 700 多万持证司机，在既定的行程中，任何一位特定的司机都不太可能发生严重事故。安全宣传活动面临这样一个问题：告诉司机驾驶时不要超速或发短信，因为这种行为很危险，但这根本不符合司机们的日常经验。每一次没有发生事故的行程都会强化这些有危险驾驶行为司机的错觉，让他们认为自己是"安全"的，事故只会发生在别人身上而不是自己身上。再加上自我服务偏差和司机对自己能力的夸大，道路安全宣传在改变司机行为方面收效甚微就不足为奇了。

一个非常明确的发现是，年轻的男性司机发生事故的风险最大。他们的冒险行为是许多因素共同作用的结果，包括寻求刺激的倾向、对危险的不敏感、夸大自己的能力以及想要给同龄人留下深刻印象的愿望。以超速为例。计划行为理论指出，意图最能预测人们的行为。意图取决于三件事：人对某个行为的态度、主观规范和认为能控制自己行为的程度。年轻司机可能对超速持积极的态度，即超速令人兴奋，他们没有意识到超速可能带来的不良后果（因为他们缺乏经验）。他们认为超速还会给他们带来名声，因为超速会给乘客留下深刻印象。他们主观地认为超速是被社会接受的：每个人都超速，它经常被媒体吹捧为一种能力，朋友和家人也不会反对。最后，年轻司机认为超速是他们无法控制的事情；要抵制超速行驶是很难的，因为如果他们以一种"安全"的乏味方式开车，他们的朋友会小瞧他们。

新手司机可能作出一系列危险的行为（超速驾驶、酒后或吸毒后驾驶，或者不系安全带），这使得他们更可能发生事故，在事故中幸存的概率也有所降低。要制定有效的干预措施以降低风险，就需要认识到所有这些因素是如何相互作用的。要想干预成功，就必须理解危险驾驶对年轻司机的心理价值，即它如何影响他们的自尊、独立感和在朋友眼中的声望。

第四章　年龄对驾驶的影响

老年人开车危险吗？

在谷歌中输入"年长司机"，你会发现无数关于年长司机制造危险的抱怨。这些抱怨包括年长司机视力很差，反应时间过长，认知能力衰弱且驾驶能力不佳，制造了很多交通事故。这些夸夸其谈的言论通常会有一些偶尔发生但高度曝光的事件的支撑，即一些年长司机做了危险的事情，如在高速公路上逆向行驶。有人提议设置"补救措施"，对 65 岁以上（或提议者认为"年长"的任何年龄）的司机实施强制视力测试，甚至可能对他们进行医疗检查。

一些上了年纪的司机开车时确实会遇到困难，但大多数人并不会如此。正如我们将看到的，这些负面的刻板印象与关于年长司机群体的科学证据是不一致的。不过，年长司机的安全性确实需要评估，因为在大多数发达国家，未来几十年内这类司机的比例将显著增加。在1975年的英国，70岁以上的人中只有30%的男性和5%的女性拥有驾照。到了2014年，这一比例已升至男性为80%，女性为50%。2016年，450万70岁及以上的老人持有驾照（其中包括236名百岁老人）。在未来20年内，这个数字可能会翻倍。如果年长司机驾驶有问题的话，随着这类群体人数的增加，情况可能会变得更糟。

反之，尽可能地提供老年人个人交通工具也很重要。与前几代人相比，今天的老年人生活在汽车普及的时代，且往往严重依赖汽车。研究表明，老年人在放弃汽车后经常会经历社会孤立，这会导致抑郁和加速身体衰退。

年龄对驾驶风险的影响

让我们从事故统计数据说起。大多数国家的交通事故发生率呈现类似 U 形曲线，与中年人相比，交通事故在非常年轻和非常年长的司机群体中更普遍。2014年，一个名为"年长司机工作组"的多学科小组发布了一份报告，总结了英国年长司机的车祸风险的证据（Road Safety Foundation，n.d.）。图 4.1 显示了不同年龄组的车祸伤亡率和受伤的严重程度（从轻微受伤到致命意外）。

与许多其他研究结果一致的是，到目前为止，年轻司机的事故率最高，然后事故率随着年龄的增长迅速下降。30—65 岁的司机最安全，但伤亡率在某种程度上上升了。值得注意的是，年长司机事故风险的增长程度取决于所采用的衡量标准。造成轻微伤害的事故数量只增加了一点点，但造成致命伤害的事故数量从 75 岁左右开始快速增加。这主要是因为老年人在事故中幸存的可能性比年轻人小得多。年长司机也倾向于开小型、老旧的车，这些车的耐撞性较差。所以，如果你只看死亡率的年龄变化，你会对年长司机的驾驶风险产生扭曲的印象。我们不能简单地得出结论说，年长司机死亡率升高是由他们的驾驶方式所致，我们需要考虑到，死亡率激增可能真的是因为他们的身体更脆弱。而且年长司机更有可能被纳入事故统计，这仅仅因为他们比年轻司机更可能在事故中死亡或受重伤。

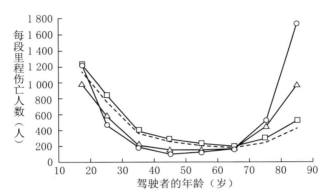

图 4.1　驾驶者的年龄与不同程度的事故发生率之间的关系

解释年长司机的表现的另一个难题是风险暴露问题。调查显示，许多上了年纪的司机意识到自己的驾驶能力正在下降并试图弥补这一点：他们很少开车或者开车行程较短，坚持走熟悉的道路；他们避开困难的驾驶情境，如复杂的路口、高峰时段的道路、恶劣的天气和夜晚；他们开得更慢，与前车的距离更大。

风险暴露如何影响事故率是一个有意思的问题。

人们会预期，年长司机可能比年轻司机发生更少的事故，因为他们主动减少暴露在危险驾驶环境中的概率。你甚至可能会说，如果年长司机在这种情况下发生的事故依旧更多，他们的实际驾驶风险就可能比事故统计数据显示的还要大。然而，也能以另一种方式看待年长司机行为适应的结果。芬兰心理学家莉萨·哈卡米斯-布洛姆奎斯特（Liisa Hakamies-Blomqvist）指出，无论年龄大小，低里程数的司机比高里程数的司机更危险。高里程数的司机往往会花很多时间在快速道路上，如高速公路。据统计，高速公路是最安全的道路。里程数低的司机往往在低速道路上行驶，这些路有很多路口，司机之间可能会发生冲突。因此，对于低里程数的司机，其每英里的事故率似乎更高，而这与年龄几乎没有关系。

至此，我讨论了总体的事故率。如果我们更详细地思考年长司机的行为，我们依然会看到一个总体上积极的景象。大量研究表明，70岁以上的司机比年轻司机更不容易发生酒驾、超速、超车、紧追或车辆失控等原因造成的交通事故；与年轻司机相比，他们不太会违反交通规则。对司机自述的行为的测试往往表明，年长司机对驾驶的态度比年轻司机更好。

然而，大量研究也表明，年长司机似乎在一个特定情境下会遭遇困难：当行驶到交叉路口，他们必须让道或停车时，尤其是当他们必须同时应对两个车道的通行时（在英国是右转，在靠右行驶的国家是左转）。隆巴尔迪、霍里和考特尼（Lombardi，Horrey，& Courtney，2017）分析了2011—2014年美国48 733起致命的交叉路口碰撞事故数据，发现85岁以上司机的死亡概率几乎是年轻司机的两倍；年长司机也更有可能在通过交叉路口时出错而发生碰撞。在隆巴尔迪等人的研究中，年龄在65岁以上的司机中有56%的人被认为应对事故负责，而这在65岁及以下的司机中只占38%。

年长司机在转弯时似乎特别容易犯错，因为他们需要在两股靠得很近的车流中找到合适的间隙，然后进行必要的转弯操作。引人注意的是，年迈的女司机会比同龄的男司机发生更多的事故，尤其是在十字路口。为了了解为什么在交叉路口如此容易出现问题，我们需要更详细地研究衰老对驾驶的影响。

老年人视觉能力和认知能力的研究

视力

人们常说，上了年纪的司机视力很差，这很危险，但几乎没有证据支持这一说法。"静态视敏度"（static acuity）是指视觉的锐度，它检测视觉对静止图案的细节处理能力，常用 19 世纪赫尔曼·史乃伦（Hermann Snellen）设计的视力表来测试。史乃伦数值包含两个数字：第一个是个体的表现，第二个是"正常"表现。如果你的视力是 6/6，表明你能在 6 米处看到其他人也能在 6 米处看到的东西，意味着你拥有正常的视敏度（以英尺为单位就是"20/20"）。如果你的史乃伦数值是 6/12，即你需要距离 6 米才能看清一般人距离 12 米就能看清的东西。许多年轻人的视力超出均值：在 20 岁时，史乃伦数值可以达到 6/4.2（即在 6 米处就能看清一般人距离 4.2 米才能看清的东西）。在英国，驾驶员必须能够在 20 米处读取号码牌（近似于 6/12）。

在过去，有一些大规模研究探讨了静态视力与年龄的关系。戴维森和欧文（Davison & Irving，1980）测量了 1 400 名司机的史乃伦视敏度。20 岁司机的视敏度均值高，在 6/4.2 这一水平。整个成年期视力都在下降，但进入 40 岁开始急剧恶化。70 岁的时候，史乃伦数值大约为 6/7.3——视力几乎只有年轻司机的一半，但仍然稳定超过法定的驾驶视力标准。还有不足 5% 的司机视敏度比 6/12 差，年长司机群体也如此。一项针对 30 000 名 70 岁加拿大司机的研究发现，静态视力差的司机发生事故的风险程度与视力较好的同龄司机一样。

有人认为，其他视力测量指标与驾驶更相关，比如动态敏锐度（对移动模式的敏感度）和对比敏感度（检测模式时所需的明暗亮度）。同样，这些测量结果会随年龄的增长而相应地下降，但它们与事故率也没有什么关系。

注意力

上了年纪的司机也许很难有效地将注意力分配到视野的不同部分。尽管存在很大的个体差异，但有证据表明这种能力会随着年龄的增长而下降。注意力分散测试是一种广泛使用的有效视野测试（useful field of view test，简称 UFOV），由卡琳·鲍尔和辛西娅·奥斯利设计（Ball & Owsley，1992）。基于安全驾驶需要司机有广泛的注意力这一假设，UFOV 检查了司机对同时出现在他们中央视觉和周边视觉的刺激的处理能力。测试要求他们看着电脑屏幕并识别视野中央呈现的一个目标（一辆卡车或汽车的轮廓），同时必须定位一个视野周边呈现的刺激（一辆汽车的轮廓），后者可以是许多不同位置中的任意一个。

鲍尔和奥斯利发现，在三年的时间里，相比静态视敏度、对比敏感度或精神状态测量，故障事故发生率与 UFOV 测量结果的相关性更强。虽然针对这个样本的 UFOV 是所有测试方法中最能识别不安全司机的，但在完全区分不安全的司机与安全的司机上，它依然相对不擅长。

最近，有人提出，年长司机在路口发生碰撞的概率增加，可能是由于他们的周边视觉对运动的敏感度降低。由史蒂文·亨德松（Steven Henderson）及其同事设计的有关周边运动对比阈值（peripheral motion contrast threshold，简称 PMCT）的量表，测量了在检测周边视觉运动图案时需要多少对比。与年轻司机相比，年长司机（65 岁以上）需要更多的对比来看到这种模式，而且他们在 PMCT 上的表现与驾驶模拟器的各种表现指标有一定相关性。然而，和许多这类测试一样，老年人的个体表现差异很大；他们中许多人的表现与年轻人一样，这表明与年龄相关的周边运动处理的衰退并不是衰老的必然结果。

信息处理

一些学者认为，随着年龄增长，人们需要更长的时间来处理众多信息。这种处理速度的下降是老年人执行许多认知任务时表现受损的根本原因——不仅指完成任务的时间长短，还表现为犯了多少错误。这些差异从绝对值上看是非常小的，所以它们是否可能影响驾驶表现还有待确定。

还有注意力问题，总体认知迟钝可能导致一些年长司机遭遇困难，尤其是在通过十字路口时。由于认知速度变慢，在年长司机的主观感受中，事情的变化速度更快了，他们需要比年轻司机更多的时间来完成每项认知操作。在某种程度上，年长司机可以通过更慢、更谨慎、防御性地驾驶来弥补认知上的"减速"。驾驶是一项"自我调节速度"的活动，年长司机可以适当地以较慢的速度将自己暴露在这些快速变化的情境中，以适应正常驾驶。

在大多数情况下，慢速驾驶很有效，正如哈卡米斯-布罗姆奎斯特指出的那样，这使得年长司机成为相对安全的司机。然而，交叉路口是另一种情况，事件的节奏是不受司机控制的。要驶离繁忙的交叉路口时，司机需要快速评估情况，在两个方向的车流中寻找一个安全的空隙，然后迅速驶出。如果认知速度的减慢使得上述阶段的时间稍微变长，一个上了年纪的司机就可能会犯错。

众所周知，压力和焦虑会导致有效视野缩小，这会使情况更糟糕。这就让我们可以理解为什么年长司机更容易在交叉路口发生碰撞。

对危险的感知

虽然年长司机在实验室里进行注意力测试时表现较差，但年龄的增长似乎没有影响他们的危险感知能力。许多研究表明，年长司机的扫视模式与年轻司机相似，且能发现更多的危险。一种解释是，年长司机可以根据他们的驾驶经验衍生出的图式来操作，使他们能够预测危险。这在很大程度上减少了快速应急反应，而年轻司机只在危险实际发生时作出反应。

与高龄相关的疾病对驾驶的影响

视觉病理学

随着司机年龄的增长，视力衰退变得越来越普遍。然而，重要的是要区分"健康"的由年龄增长引起的视力退化和由疾病导致的视力病变，后者仅影响少数司机。自然退化包括神经和视网膜的变化，这些降低了视觉系统应对环境光照变化的速度，这可能是老年人难以应对迎面而来的车灯眩光的主要原因。随着年龄的增长，晶状体变厚、变黄，缺乏弹性，这会减少到达眼睛后部的光量，还会导致常见于 45 岁以上人群的老花眼，即眼睛聚焦于近处物体变得越来越困难。视野的广度（即可视的范围）也会随着年龄的增长而有所下降。

有许多病理情况可能损害视力而足以使驾驶变得危险，这些情况更有可能发生在老年人身上。白内障会使看到的图像散焦，使对比敏感度和细节视觉受损。青光眼和糖尿病性视网膜病变会损害视网膜，导致周边视觉丧失。在驾驶中这可能比丧失中心视力更糟糕。正常视野大约是 200 度，在英国，法定驾驶员的视野水平是至少 120 度，两边固定视野至少 50 度，中心 20 度范围内不得有缺损。珍妮特·斯利克（Janet Szlyk）及其同事的一系列研究表明，相比中心视力受损多于周边视力受损的疾病（如黄斑变性），那些周边视力受损更多的疾病与更高的交通事故发生率有关。

中风会导致半个视野的视力丧失（偏盲）或局部失明（盲点）。人们有时并没有意识到自己有这种视野缺陷，尤其是当视力丧失只覆盖了他们视野中相对较小的区域时。约翰逊和凯尔特纳（Johnson & Keltner，1983）调查了 10 000 名驾驶员后发现，双眼视野明显丧失的司机的交通事故率是视力完好的同龄司机的两倍多；一只眼睛视野受损或失明的司机与健康司机的事故发生率相似。但并非所有研究都发现了如此明确的结果，这或许是因为测量视野丧失的程序上的差异，抑或是因为人们应对视野丧失存在个体差异。

痴呆

虽然很多年长司机对自身的状态有所洞察，试着在可以应对的情况下才开车，但对一部分年长司机来说，他们并不总是如此选择，这部分司机正处于痴呆的早期阶段。研究表明，大多数被诊断患有痴呆的老年人都愿意放弃驾驶，但也有一些研究显示，30%—45% 的痴呆患者会继续驾驶，尽管有医生的诊断为证且需要面对驾照被吊销和来自家庭的压力。还有一个问题是，一些老年人在被正式诊断患有阿尔茨海默病之前，会经历平均三年的轻度认知障碍（mild cognitive impairment，简称 MCI）。他们中的很多人不愿意放弃，自以为自己只在可以应付的状态下开车。

识别司机是否处在痴呆早期阶段的最佳方法是什么？一种方法是进行智力测试，其中使用最广泛的是《简易智力状态测试》（mini mental status examination，简称 MMSE）。尽管这个测试的指标与驾驶能力相关，但有回顾性研究发现，几乎没有发生过车辆碰撞的痴呆患者组和至少有过一次碰撞的组之间，测试表现并没有区别。

多布斯、赫勒和斯科普弗洛克尔（Dobbs，Heller，& Schopflocher，1998）设计了一项驾驶测试，该测试关注在年长司机中发现的特别有问题的驾驶行为，如转弯、变道和并道。他们测试了三组司机："正常"的年轻司机（30—40岁）、"正常"的年长司机（65岁以上）和一组可能处于阿尔茨海默病早期阶段的年龄相近的年长司机。这三组司机没有通过测试的比例分别为3%、25%和68%；最后一组有更多危险操作，而另外两组没有什么区别。危险的错误行为中有50%发生在变道、并道或接近十字路口时；有21%发生在左转时，有15%是在十字路口未能停车；其余错误发生在右转（6%）和停车时（8%）。痴呆不仅影响认知能力（视觉感知、记忆、注意力、问题解决和决策），而且影响性格（产生更多的攻击性和去抑制化），所以驾驶受到影响也不足为奇。

总的来说，数据表明，虽然年龄本身导致的驾驶能力下降的可能性相对较小，但年长司机在痴呆早期阶段的驾驶能力损害是相当严重的。多布斯等人对驾驶能力的正式测试结果与一些回顾性研究的结果一致，这些研究都发现痴呆患者发生事故的风险很大。例如，澳大利亚的林恩·缪勒纳斯（Lynn Meuleners）及其同事的最近一项研究发现，一组被诊断为患有痴呆的司机在过去三年里（即他们可能处于痴呆的早期阶段）发生事故的可能性，几乎是年龄相仿但健康的对照组群体的两倍。

马洛特里和理查森（Marottoli & Richardson，1998）的研究表明，至少有一些上了年纪的司机对他们的驾驶能力的损伤程度缺乏认识。马洛特里和理查森调查了一组77岁及以上的司机的驾驶表现、自信心的自我评估和驾驶能力的自我评估之间的关系。所有司机都认为自己处在平均或平均以上的水平，尽管事实上这些人中有近三分之一在驾驶考试中被考官评为有中度或严重的驾驶困难，他们却十分自信，无视自己在路上的真正表现。正如在第三章中提到的，许多研究人员已经发现，年轻的司机高估了他们在同龄人中的驾驶水平，这种自我认知偏差在成年后期似乎没有改变，即使他们对自身真实的驾驶能力有过印象深刻的经历，也依旧会高估自己。

小结

本章所描述的研究表明，年长司机的"问题"被夸大了，我们不能根据年龄高低准确预测驾驶能力，许多年长司机是安全的。在健康的个体中，视力和认知能力因年龄而衰退的程度相对较小，而且研究一直未能显示视力、认知和事故率之间有任何强关联。

一些研究探讨了强制实施与年龄挂钩的驾照再认证的法规在实践中是否有效。比较有此类法律的国家或州和未实施此类法律的类似地区（如芬兰和瑞典，以及新南威尔士州、维多利亚州和美国的多个州）会发现，驾照再认证对年长司机的事故率没有影响。造成这种情况的原因可能有很多，比如重新取得驾照通常需要进行视力测试，而正如我们已看到的，这种测试不太可能识别出许多不安全的司机。

几乎没有证据表明，视力低下是老年人（或其他任何人）交通事故风险增加的主要因素。一部分是因为大部分老年人视觉系统的基本能力能满足驾驶的需求。保持车道和避免碰撞不需要细节视觉就能实现；驾驶过程中的大多数刺激物，人们只需要检测到就行，检测比识别更容易。例如，在一个交叉路口，人们只需要看到有"东西"正在靠近即可，不需要识别正在靠近的车辆的制造商和型号。在需要用到识别功能的场景中，如阅读道路标识，其信息往往远远超过感知阈值（标识是粗体、高对比度的简化图片，易于区分），它还包含一定程度的信息冗余（如某种符号经常重复）。驾驶也能自定速度，这使司机能够应对一些情况，如他们可以放慢速度，给自己更多的时间看路标，也可以避免在夜晚快速行驶。检测比识别更重要，这解释了为什么周边视觉受损的疾病对驾驶安全的影响更大。另一个因素是，多数情况下，驾驶是一种高度可预测的活动。道路环境通常是高度结构化且一致的，这使得司机可以根据预判的情况采取行动，而不必对周围的一切进行详细的视觉分析。

近年来，相关研究已经转向检查成套测试的有效性，包括有效视野测试和来自神经心理学研究的认知能力评估。然而，任何针对年长司机的筛查测试，无论是视力还是认知能力，都不太可能划算，原因有二。第一，需要对大量的年长司机进行测试，以确定会带来风险的少数人。第二，由于这些测试对实际驾驶表现的预测能力相当弱，你会得到令人难以接受的大量假阴性和假阳性结果——安全的司机会被误认为有危险，反之亦然。

许多年长司机意识到自身能力的衰退，试着在能应对的条件下开车以弥补能力的衰退，如开得更慢，在道路上保持更大的安全距离。在很多情况下，这确实使他们比年轻司机更安全。

里德、金尼尔和韦弗（Read，Kinnear，& Weaver，2012）的一项研究很好地证明了这一点。他们对不同年龄段的参与者进行了一系列视觉和认知测试，并让他们在模拟器中驾驶。在测试中，年长司机表现出常见的、证据充分的缺陷，如有效视野范围变窄，对比敏感度降低，反应时间变慢。然而，在模拟器中，更慢、更谨慎的驾驶方式意味着他们可以应对突发危险（如行人从停着的卡车后面走出来），可以和年轻司机表现一样好。与许多研究一致，里德等人的研究表明，尽管随着年龄增长，老年人的视觉和认知能力下降了，但这在很大程度上被其更谨慎的态度抵消。总体而言，许多年长司机仍是安全的。

里德等人的研究中一个值得注意的方面是，年长司机的表现各有差异：一些年龄最大的司机的反应时间与年轻司机的反应时间相同。研究人员经常指出这种差异性，哈卡米斯-布罗姆奎斯特认为，正常、健康地变老与驾驶能力的明显下降无关，但出现与驾驶能力受损有关的健康问题（如视觉病变和痴呆）的风险会增加。

实际上，随着司机年龄的增长，出现了一个驾驶能力受损的亚群体，他们发生事故的风险更高。把他们和健康的年长司机混为一谈，就扭曲了整个年龄组真实的风险水平。真正的问题是找出那些不健康的司机，说服他们放弃驾驶：可能会有存在潜在危险因素、驾驶能力受损的年长司机坚持开车，因为就像年轻司机一样，他们对自己的驾驶技术过分自信。一些80岁及以上的年长司机似乎确实遇到了一些特殊的问题——如何驶过路口。改变道路设计（如使用交通灯和环形路而不是丁字路口，以及使道路标志更大、更显眼）有助于减少这类事故。一些研究还发现，训练年长司机使用补偿性策略，如在路口采用更好的搜寻模式，可以提高其驾驶能力。

最后，在比较年轻司机和年长司机时要记住，许多研究通常使用横向设计，即比较现有的年轻司机和年长司机群体（另一种研究方法是纵向设计，比如追踪一组人在整个驾龄中的表现，这样做会很冗长！）。这类研究容易产生群组效应：年长司机与年轻司机除了实际年龄外，还有许多不同之处。现今的年长司机学会开车时，驾驶考试比现在容易，道路不那么拥挤，高速公路也更少。

群组效应可以解释为什么年长的女性司机似乎是一个特别容易发生事故的群体。今天的许多年长女性可能很久以前就通过了考试，却把开车这件事留给了她们的丈夫。众所周知，一直在练习的技能比不怎么使用的技能退化得更慢。如果这些年长女性现在开车，她们就很可能是年纪大且没有经验的司机。当她们发生事故时，人们很容易把事故归咎于年龄，但其实这类司机可能从一开始就不具备合格的驾驶能力。

第五章　性格和驾驶的关系

　　即使在一组特定年龄和性别的司机中，有些人也比其他人更容易发生事故。性格特征似乎在其中扮演了重要角色，但在实际操作中，要在性格测试结果和驾驶表现之间找到明确的关系，则出乎意料地困难。虽然许多研究已经发现一个或多个性格因素与事故发生率之间存在某种联系，但这种联系通常不是很明确。其中一个原因是，数据中通常存在太多的不精确性或"干扰"，很难察觉其中潜在的关系。

性格测试中的问题

　　干扰的来源之一是难以测试性格。我们对性格都有自己的直觉，但这并不是科学研究的可靠基础。对心理学家来说，性格特征本质上是统计结构，源于人们对问卷的不同反应。例如，《艾森克人格问卷》（Eysenck Personality Questionnaire）就包含"你喜欢经常出去吗？""比起与人交往，你更喜欢读书吗？"等问题，外向的人会分别回答"是"和"不是"，而内向的人会作出相反的回答。

以这种方式定义的性格特征不一定符合我们对什么构成性格的主观印象，也不一定确切符合每个人真正不同的潜在特征。例如，外向性、寻求刺激和冲动等性格特征在某种程度上似乎是可区分的，但它们也会重叠。因此，一份旨在测量"外向性"的问卷可能在一定程度上测量了这个特征，但总体得分很可能受到对其他性格特征的反应的影响，最终使得针对外向性的测量并不完美。

即使一项性格测试确实测量了一种单一的特征，也有可能该特征的某些方面有利于安全驾驶，其他方面则不然。拉尤宁（Lajunen，2001）指出，"神经质"的某些方面（如开车时的焦虑和喜怒无常）会降低驾驶能力，因为它们会增加犯错概率，而另一些方面（如作为一个担忧的人）会使人成为更安全的司机，因为增加了对安全的忧虑。

最后，个体的行为并不仅仅由其稳定的性格特征决定，它还受所处环境的影响。攻击性很强的人并非一直都具有攻击性，但可能在某些情况下更容易攻击他人（如堵车时），这同样会增加数据的不精确性。

评估交通事故率面临的问题

数据的另一个干扰源是风险评估。就个人而言，事故是罕见的。在英国，在 3 700 万名有驾照的司机中，每年约发生 18.6 万起严重事故。由于官方记录的事故发生频率非常低，研究人员最终只能得到很少的数据，即使他们有一个很大的司机样本（大多数情况下没有事故发生）。许多研究人员试图通过使用司机自我报告的方法来规避这个问题，他们可能会询问司机在某段时间内，比如过去三年里发生的事故和侥幸脱险的事故，或者司机作出危险行为的频率（如超速或闯红灯）以及对这些行为的态度。

有证据表明，自述危险行为与事故率有关。德温特和多杜（de Winter & Dodou，2010）综合了 70 个使用里森的《司机行为问卷》的研究的数据。这个问卷要求被试提供关于错误（开车时出错）、过失（忘记做某事，如转弯后忘记关闭转向灯）和违章（故意藐视法律，如闯红灯）行为的细节，其中许多研究人员声称，这三者有重大区别，常有违章行为的司机自我报告的预测事故率更高。德温特和多杜发现，总的来说，违章或错误越多，司机自报事故的数量就越多，尽管从绝对意义上而言，两者的关系不是很紧密。这些总体结果受年龄和性别的影响，这与公认的发现一致，即违章（而不是错误）行为的次数随着年龄的增长而减少；相较于女性，男性驾驶中通常更容易违章而较少犯错误；相较于年长司机，更能根据违章行为预测年轻司机的交通事故发生情况。

自我报告的问题在于，它是不可靠的，这要么是因为司机记忆力差，要么是因为他们想让自己有个好形象。在第三章中，我描述了查普曼和安德伍德（Chapman & Underwood，2000）的研究，该研究表明，在险情发生后的两周内，有 80% 的事件会被司机遗忘。格里夫斯和埃里森（Greaves & Ellison，2011）对 133 位悉尼司机进行了性格测试，又询问他们是否有超速行为。然后给这些司机的车上安装 GPS 设备，持续 5 周，声称这是一项"交通规划研究"的一部分。他们发现，司机自我报告的超速行为和实际超速行为之间的相关性相当差，许多司机大大低估或高估了他们的超速时间。

单一的影响因素测量可能掩盖了各组参与者之间的重要差异。马塞尔怀特（Musselwhite，2006）给 1 655 名英国司机做了一份问卷，调查明显的单一危险行为——超速。通过询问发生超速的情景，马塞尔怀特将他的参与者分成四组："非故意冒险"组，这也是最大的一个组；"反应"组，即在面对压力或匆忙的时候会冒险；"风险计算"组，即会在认为安全的时候冒险（如在深夜或者快迟到的时候）；"持续冒险"组，即经常为了自己的利益而冒险。"持续冒险"组是平均年龄最小（平均 26 岁）的一组，主要由男性组成；"非故意冒险"组平均年龄（平均 42 岁）最大。

最后，即使是高风险的司机，真正发生的事故也相对较少，因而大多数研究都未能按事故类型划分参与者的事故发生率。然而，不同的事故可能与不同的性格类型有关。如果是这样的话，在性格的某一方面和特定类型的事故之间可能存在着确定的关系，但这种关系会被其他与特定性格并不相关的事故所掩盖。

性格理论

大多数人格理论家试图用有限的维度或"特质"来解释正常行为的差异。一个人的性格是由其所拥有的每一种特质的程度决定的，对性格特质数量的估计各不相同，目前的共识是，有五个因素足以解释性格的大部分方面，就像保罗·科斯塔（Paul Costa）和罗伯特·麦克雷（Robert McCrae）的极为流行的大五人格（openness，conscientiousness，extraversion，agreeableness，neuroticism，简称OCEAN）模型所证明的那样。这五个因素通常被描述为开放性、责任性、外向性、宜人性和神经质（其中每一个都被分解为独立的子维度，可以单独测评）。

虽然存在其他的人格模型，但大多数驾驶研究要么使用大五人格模型，要么关注特定的特征，如寻求刺激、心理控制点、冲动、愤怒与攻击性。让我们从大五人格模型开始，依次来看每种特质的主要特征是什么，以及它与实际驾驶行为有什么关系。

外向性

外向者善于交际，喜欢冒险，愿意承担风险，乐观并且外倾；内向者是隐居的、疏离的、谨慎的、内倾的。而且，外向性似乎与冲动和寻求刺激有关。

汉斯·艾森克（Hans Eysenck）关于外向性的最初概念是，外向者长期处于"觉醒不足"的状态，因此比内向者需要更多的外部刺激。如果是这样的话，外向者可能会寻找刺激以将他们的觉醒水平提高到最佳状态，这使他们成为寻求刺激者。他们可能很少全身心投入任务，尤其是单调的任务，而且更容易疲劳（这本身就是导致交通事故的一个主要因素，可参见第六章）。与之相反的是，他们向外关注可能会让他们更留意环境，更能意识到迫在眉睫的危险。

在实践中，大量研究将外向性与事故、违章和各种其他危险驾驶行为的增加联系在一起。克拉克和罗伯逊（Clarke & Robertson，2005）调查了 47 项研究的数据，试图将事故发生率与性格因素联系起来。总的来说，性格特征和事故发生率之间的相关性非常低，但外向性和交通事故之间似乎有一定的关系。除了性别和年龄，外向性似乎是预测驾驶表现的最佳因素之一。

神经质

　　高神经质的人容易分心、缺乏安全感、紧张、不耐烦、急躁、焦虑、悲观、顾影自怜和怨恨。他们倾向于体会负面情绪，难以解决问题。高神经质的人在克服压力时效率很低，容易产生非理性思维。低神经质的人冷静、安全、放松和自我满足。

　　许多研究表明，高神经质与危险驾驶和攻击性有关。这种个性因素影响驾驶的主要方式似乎是间接的：高神经质的司机更容易分心（他们被自己的焦虑压倒），压力更大，更有可能处于负面情绪中，也更易在被挑衅时生气。这些都不是安全驾驶的好兆头。

宜人性

　　宜人性的性格特征反映了一个人与他人的关系。高宜人性的人是令人信任的、无私的、有同理心的、乐于助人的、善良的和有礼貌的；低宜人性的人比较以自我为中心、敌对、强硬、控制欲强、粗鲁、易怒、好斗、竞争、无情、对抗和不信任。

虽然宜人性得分低可能与攻击行为，特别是与驾驶相关的攻击行为有关，但实际上很少有研究确认这一关系。克拉克和罗伯逊认为（Clarke & Robertson，2005），低宜人性的人更常发生事故，因为他们更容易与其他道路使用者发生冲突。

开放性

高开放性的人独立、好奇、标新立异、理想主义和想象力丰富，他们善于接受新经验和新思想，对新鲜事物和未知事物持宽容态度；低开放性的人顺从、务实，兴趣狭隘，不接受新思想。

高开放性的人愿意接受训练，但他们更容易违反规则，在日常工作环境中热衷于尝试和即兴发挥，所有这些因素都可能不利于他们成为安全的司机。

本菲尔德、塞勒姆克和贝尔（Benfield，Szlemko，& Bell，2007）得出结论，在驾驶过程中表现出来的大多数攻击行为都与开放性、宜人性和责任性得分低有关联。

责任性

责任心强的人是负责的，他们有条理、可靠、细心、周密、自律和目标明确；责任心低的人具有反社会、无条理、冲动、叛逆和粗心等特点，他们在决策时缺乏周密性，这与缺乏前瞻性规划有关。责任心低的人倾向于关注即时的需要，不遵守规章制度。许多研究人员发现，高责任性与低事故率有关。

寻求刺激

寻求刺激是一种被定义为"寻求不同、新奇、复杂和强烈的感觉和体验，并愿意为这些体验承担身体、社会、法律和金融方面的风险的特征"，楚克曼（Zuckerman，1994）认为它有四个潜在的维度："寻求刺激和冒险"（通过刺激和冒险的身体活动来寻求不寻常的感觉）；"寻求体验"（寻求新奇或非常规的体验，如吸毒）；"乏味易感性"（讨厌无聊或重复的工作）；"去抑制"（渴望失去自我控制，如通过饮酒、参加聚会等方式）。

寻求刺激是否符合人格模型存在一些争议。最流行的观点是，它本身并不是一种性格特征，而是大五人格模型中各个维度上特定得分模式的结果。与低寻求刺激者相比，高寻求刺激者的外向性和开放性得分较高，责任性和宜人性得分较低。

寻求刺激与驾驶风险都显现出相似的年龄和性别方面的差异。令人注意的是，男性的驾驶风险高于女性；在16岁之前，驾驶风险会随着年龄的增长而增长，然后在20岁出头的时候下降。乔纳（Jonah，1997）探究了40项试图将寻求刺激与危险驾驶行为联系起来的研究。除了其中的4个，其余的都显示在寻求刺激和危险驾驶的某些方面之间存在显著的正相关关系。虽然寻求刺激的分量表并不经常被用来检测，但"寻求刺激和冒险"因素似乎与危险驾驶行为关系最为密切，其次是"去抑制"和"寻求体验"。

在我们为"寻求刺激"能完整地解释危险驾驶行为而兴奋之前，我们应该注意到驾驶行为和寻求刺激之间的相关性通常是相当微弱的。这意味着寻求刺激只能部分解释不同司机之间的驾驶风险变化。此外，正如阿内特（Arnett，1996）指出的，鲁莽行为在年轻司机中很普遍，而不仅仅局限于寻求刺激者。在阿内特对美国高中生和大学生的研究中，寻求刺激者更有可能开车时速超过 128 千米、与其他车比赛和醉酒驾驶。超过 80% 的学生都参与过这些活动，这类行为可能更多地发生在寻求刺激者身上，但肯定不限于这个群体。显然，"寻求刺激"只是年轻人鲁莽行为的部分原因。

心理控制点

心理控制点（locus of control，简称 LOC）指人们在多大程度上相信自己能够控制自己的命运，而不是由外部力量决定自己的命运。那些内控倾向的人认为，结果取决于自己的技能、努力或行为；外控倾向的人认为，几乎无法控制发生在自己身上的事情，这很大程度上取决于运气或"命运"。

很难明确预测 LOC 对事故率的影响。你可以说，内控倾向的司机驾驶时可能更冒险，因为他们更相信自己能控制局面，即可以通过自己的行动避免事故。然而，你同样可以认为，外控倾向的司机可能在驾驶中更危险：如果他们认为事故发生与否主要是运气问题，他们就会采取较少的预防措施来避免事故。

关于 LOC 的影响的实证数据是模棱两可的。霍兰、杰拉蒂和莎阿（Holland，Geraghty，& Shah，2010）认为，这是因为研究往往没有考虑到与 LOC 相互作用的其他因素，如性别和驾驶经验。女性的 LOC 通常是相对外控的，而男性的 LOC 通常是内控的。与之前的一些研究一样，霍兰等人没有发现 LOC 与危险驾驶之间存在任何关联。然而，他们对性别、驾驶经验和 LOC 如何相互作用进行了有趣的推测。年轻男性在驾驶时依旧比年轻女性更危险，即使拥有更丰富的驾驶经验。也许男性典型的内在控制使他们相信他们能更好地控制局面。经验可能对女性的行为有更大的影响，因为她们相对来说是外在控制的。

冲动

冲动与人们对自己行为的控制程度有关。这似乎与寻求刺激有关。达伦、马丁、拉甘和库尔曼（Dahlen，Martin，Ragan，& Kuhlman，2005）回顾了一些研究，这些研究表明，高冲动与高风险行为有关，如酒后驾驶、违反交通规则和减少安全带的使用，以及较高的事故发生率。冲动也与愤怒和攻击性有关。

愤怒与攻击性

近年来，有相当多的媒体对司机"路怒"等攻击行为感兴趣。正如杜拉和巴拉尔（Dula & Ballard，2003）指出的，司机的行为有三个不同的方面被研究者贴上"攻击性"的标签：有意的肢体行为、言语或手势攻击行为（如撞倒另一位司机，咒骂他人或做下流的手势）；驾驶时的负面情绪（如愤怒）；冒险行为（如闯红灯或快速变换车道）。杰里·戴芬贝契（Jerry Deffenbacher）的《驾驶愤怒量表》（driving anger scale）的得分与危险行为（如注意力不集中，失去对车辆的控制和开车时差点遇险）具有正相关（尽管微弱）。在这些测试中，男性得分高于女性，这表明日常性别在攻击性方面的差异已经延伸到驾驶方面。

冒险行为是否应该被认为一种"攻击行为"，或是其副作用，这是有争议的。当然，攻击行为和冒险行为在一定程度上是相关的。在前文提到的阿内特（Arnett，1996）的研究中，也对攻击性进行了测量。各种"不计后果"的行为（如与其他车互相追赶和超速）与攻击性具有中等程度的相关，事实上，这类相关性与这些行为同寻求刺激之间的相关性相似。

一个问题是，攻击性是一种稳定的性格特征，还是由司机所处的环境触发的？答案是两者皆有。研究表明，在攻击性方面存在着终生的、相当稳定的个体差异，尽管男性的攻击性会随着年龄和驾驶经验的增长而下降。然而，《驾驶愤怒量表》的分数与驾驶场景之外的愤怒程度只有适度的关联，这表明愤怒的司机不一定在生活中是个易怒的人。

戴芬贝契认为，司机的攻击性源自"性格特征"和"状态"之间的相互作用，即司机的愤怒倾向和他们所处的环境相互作用。在一项调查大学生司机路怒情况的研究中，《驾驶愤怒量表》的分数和他们想象自己"在美好的日子里畅通无阻地行驶在乡村道路上"时的愤怒程度没有任何关系。然而，随着交通状况的恶化，他们的愤怒也随之增加。戴芬贝契及其同事在一项研究中发现了性格愤怒和状态愤怒之间类似的相互作用，这些司机正在接受针对驾驶愤怒的心理咨询。愤怒程度高的司机和愤怒程度低的司机在受到轻度挑衅时表现相似，但随着挑衅程度的增加，愤怒程度高的司机变得更愤怒，并报告有更具攻击性和危险性的行为（Deffenbacher，Huff，Lynch，Oetting，& Salvatore，2000）。

拉尤宁和帕克（Lajunen & Parker，2001）对"司机的个性会在上车后改变"的观点提出了质疑。鉴于人们将攻击性视为一种稳定的性格特征，他们认为这是不可能的。他们的数据表明，愤怒、言语和身体攻击与驾驶之间的关系是复杂的，不同的情况会产生不同的愤怒或攻击反应模式。

多维度性格分析

所有这些对性格特征的单一维度的测量，其测试分数和事故发生率之间的相关性通常相当低。这意味着，只知道一个人的单项性格测试分数，并不能告诉我们其驾驶风险有多大。因此，一些研究人员开始研究性格特征描述是否能更好地指导对驾驶风险的评估。

挪威心理学家帕尔·乌勒伯格（Pal Ulleberg）是最早研究驾驶风险是否与一系列而不仅仅是一种性格特征有关的人之一（Ulleberg，2002）。他针对性格、对风险的态度和事故记录等一系列指标，使用了一种称为"聚类分析"的统计技术，将司机分为六类，其中两类是低风险的，两类是高风险的。高风险群体中的一类的特征是，喜欢寻求刺激，失范感（他们相信不被社会容许的行为是实现特定目标所必需的）以及愤怒、低利他主义和焦虑。其成员大多为男性，他们的冒险行为得分较高，对风险的态度较差，风险感知得分较低。他们对自己的驾驶技术评价很高，但在六个群体中事故发生率最高。另一高风险群体以女性为主，在寻求刺激、攻击性、焦虑、愤怒和低利他性方面得分较高。她们有危险的驾驶习惯，对道路安全的态度不佳，具有高事故率。这一群体并不认为自己的驾驶技术很好，她们认为自己发生事故的风险很高。

罗马大学的法比奥·卢奇迪（Fabio Lucidi）及其同事进行了与乌勒伯格类似的分析，此外他们还测量了心理控制点。卢奇迪等人确定了三类司机："风险组"司机、"担忧组"司机和"小心组"司机。"风险组"司机以男性为主，其特征是高水平的外控倾向、失范感、寻求刺激、路怒以及低水平的焦虑和利他主义。这个群集类似乌勒伯格的两个高风险群体中的一个。与其他两组相比，"风险组"有更大的被定罪数量和发生事故数量，对道路安全的态度更消极，在《司机行为问卷》的"违章"分量表上得分更高，且更坚信自己发生事故的风险更低。

其他两个群体与乌勒伯格等人的低风险群体相似。在"担忧组"中，女性比男性多。她们更容易焦虑和路怒，但相比"风险组"，她们较少有失范感、寻求刺激和外控倾向。她们违章和被定罪的次数也较少，但失误的次数与"风险组"相同。她们同样感觉，自己是最容易发生交通事故的人。卢奇迪等人认为，与"风险组"相比，他们的高焦虑和对发生事故的风险感知的增强，叠加上感到对交通状况几乎没有控制力，可能共同减少了冒险态度和危险驾驶。

"小心组"中男性和女性的数量大致相同。这一组的成员在情绪稳定性方面得分较高，在路怒和寻求刺激方面得分较低。在焦虑程度上，他们处于其他两组之间；他们的利他主义得分最高，而失范感得分最低。他们的内控倾向也很高，对道路安全的态度更积极，违章、错误和失误的次数更少，事故也更少。

在德国，菲利普·赫茨伯格（Philipp Herzberg）对性格分数进行了聚类分析，确定了三类司机："弹性"的司机的神经质程度较低，在其他四个量表上得分均高于平均水平；"过度控制"的司机神经质程度和责任性较高，宜人性一般，外向性和开放性较低；"控制不足"的司机神经质程度和开放性高，责任性和宜人性低，外向性一般。

这三类司机的表现有所不同：在"过度控制"组中，有 56% 的司机从未出过事故；而在"弹性"组中，有 43% 的司机从未出过事故，在"控制不足"组中，这一比例为 23%。"控制不足"组中，司机发生 1 次以上事故的人数最多。从过去的定罪情况来看，"过度控制"组中，81% 的司机驾照上没有不良记录，相比之下，"弹性"组和"控制不足"组的司机没有不良记录的人数占 60%。"控制不足"组中，被罚款 4 次或 4 次以上的司机是其他组的 2 倍，有 30% 的司机曾被禁止驾驶，而"过度控制"组中这一比例为 19%。"控制不足"组的司机最有可能酒后驾车，而"弹性"组的司机最不可能这样做。

小结

研究表明，性格变量影响自我报告的司机的行为。性格影响交通事故率的证据不那么有力，其中一个原因是数据非常混乱，这使得寻找关系变得极其困难。司机的行为不仅仅由性格特征决定，还取决于性格特征和他们所处环境的相互作用。此外，危险驾驶是否会导致灾难也不仅仅取决于司机的行为，其他司机可能会弥补一些人的不良驾驶，运气也有一定作用。在任何情况下，司机的行为都似乎能通过性格描述（即性格属性谱系中的个体差异）来更好地预测，而不是通过任何单一的性格测试。

更复杂的是，不同的性格可能与不同类型的危险驾驶行为有关。性格测试之所以不能很好地预测司机的行为，一个原因可能是对"危险驾驶"的测评太宽泛了。例如，费尔南德斯、乔布和哈特菲尔德（Fernandes，Job，& Hatfield，2007）发现，在"反抗权威"测量中得高分能预测驾驶超速，酒后驾驶却是由另一些截然不同的指标预测出的，如寻求刺激和乐观偏差（相信与他人相比，自己更有可能体验到愉快的事情且不太可能经历不愉快的事）。思考性格如何影响特定的驾驶行为而非其他笼统的行为，可能会有益于未来这一领域的研究。

第六章　驾驶能力受损的成因和影响

　　人们会在疲劳、饮酒、服用药物（不仅仅是违禁药物）或感觉不舒服（可能是因为前一天晚上喝了酒）时开车。显然，其中任何一个因素如果发挥到极致，都会影响驾驶能力。事实上，疲劳和酒后驾驶是交通事故统计中的主要肇因。但是轻微疲劳的司机或只喝了刚达到法定上限量的酒的司机，驾驶时的危险程度是多少呢？

疲劳

疲劳驾驶事故的频现

　　很难确定有多少事故是由疲劳引起的。除了是直接导致一些交通事故的肇因外，疲劳很可能与许多常被归因于一些更明显因素的车祸有关。对事故统计数据的回顾研究表明，在所有致命事故中，约有四分之一是由疲劳造成的，这主要是因为司机在单调、乏味的高速公路上行驶时很容易睡着。令人想不到的是，年轻司机往往在凌晨易睡着，而年长司机在下午易睡着。对于疲劳的敏感性也存在个体差异，外向者和高寻求刺激者分别比内向者和低寻求刺激者更容易受到疲劳的影响。

阻塞性睡眠呼吸暂停（obstructive sleep apnea，简称 OSA）是疲劳相关事故的主要风险因素。在这种状态下，睡眠者的喉咙会放松，限制呼吸。由于睡眠被打断的时间很短，他们可能不知道自己睡得不好，但白天会有困倦感。沙马拉·塞内拉娜（Chamara Senaratna）及其同事得出结论，轻度阻塞性睡眠呼吸暂停综合征（obstructive sleep apnea syndrome，简称 OSAS）普遍存在，38% 的人受其影响（Senaratna et al.，2017）。在临床层面（白天嗜睡，可能严重影响驾驶的情况下），它可能影响 17% 的人。在发达国家，OSA 是一个日益严重的问题，因为它与肥胖有关。它在男性和老年人中也更常见。塞内拉娜等人估计，60 岁以上的男性司机中有 90% 患有轻度阻塞性睡眠呼吸暂停综合征，其中约一半达到临床诊断标准。

与疲劳有关的事故对专职司机来说是一个特别的问题。尽管长途卡车司机的每日驾驶时间已有相关规定（至少在欧盟是这样），但他们轮班工作时间长，经常睡眠不足或睡眠质量差，且经常夜间在单调的高速公路上长时间行驶。对于许多专职司机，如出租车司机和驾驶教练，他们的工作时间没有上限！

与交通事故的统计数据相比，对司机自我报告的研究往往对司机感受到有危险的疲劳的频率有更高的估计，大概是因为后者囊括了导致险情或轻微事故的疲劳事件，而不仅仅是更严重的事故。这些研究表明，大多数司机在驾驶时都经历过令人烦恼的疲劳。有 25%—50% 的司机说他们有时在开车时睡着了，多达 10% 的司机承认他们曾因睡着而发生事故。

与事故统计数据一样，调查问卷研究表明，专职司机的疲劳问题更严重。英国梅科克（Maycock，1997）进行的一项调查中，近 60% 的公司汽车司机说他们在开车的时候感觉快要睡着了。安妮·麦卡特（Anne McCartt）及其同事对美国长途卡车司机进行了一项研究，发现 47% 的人曾经在开车的时候睡着过。萨伯格等人（Sagberg et al., 2004）得出结论，在所有卡车司机事故中，与疲劳有关的事故占 41%，占其致命事故的 30%。

困倦和疲劳的心理理论

到目前为止，我一直在谈论"疲劳"，但它到底是什么？"困倦"和"疲劳"经常互换使用，但它们不一定指同一件事。"困倦"当然是由于缺乏睡眠而产生的。尽管个体差异很大，但大多数人每晚至少需要四到五个小时的睡眠。其中，习惯起了一定的作用，至少在短期内，一定程度的睡眠不足是可以忍受的。睡眠经历几个阶段：首先是第一和第二阶段，即浅睡眠，然后进入第三和第四阶段的深睡眠。与前几个阶段不同的是，第五阶段的睡眠涉及快速的眼球运动，这就是为什么它通常被称为"快速眼动"（rapid eye movements，简称 REM）睡眠。它也被称为"矛盾"睡眠，因为就大脑活动而言，此阶段更像是清醒的，与非快速眼动阶段有所不同。大多数梦都发生在 REM 阶段。每晚整个睡眠阶段的循环大约有五次。

第三和第四阶段睡眠的缺失与身体疲劳有关，也是缺觉者最渴望的睡眠类型。缺少快速眼动睡眠会产生补偿性反弹效应（在下次睡觉时你会有更多的快速眼动睡眠），这一点表明快速眼动睡眠很重要，然而，在实际中，快速眼动睡眠的缺失似乎只会让人更易怒。

虽然睡眠的时间和质量是"困倦"的重要决定因素，但个人的昼夜节律（生物钟）同样重要。大多数人一天中有两个"低谷"，这两个低谷是最困的时候。一个是凌晨三四点钟，另一个是中午午饭后。这两个低谷在驾驶模拟器研究中有所体现，也反映在交通事故统计中。

"疲劳"更难定义。与困倦不同，"疲劳"似乎与任何可察觉的生理变化都没有明显的联系。它通常根据其后果来定义：不愿继续进行已经进行了一段时间的活动，注意力不集中，感到疲倦和不适。通过"精神上的努力"，有可能克服疲劳，至少在短时间内可以做到。但随着疲劳程度加深，人们越来越不愿意付出额外的努力。目前还不清楚这一"努力"实际上涉及什么。正如认知科学家哈罗德·帕什勒（Harold Pashler）指出的，与后脑区由被动观看所产生的大量活动相比，大脑额叶区由思考产生的活动是非常小的。因此，相比于处理问题，看电视应该会消耗更多的能量（从而更疲劳）。

疲劳如何影响驾驶表现？

　　司机的驾驶表现可能受到以下因素的影响：驾驶的时间（即依照生物钟，什么时候身心活跃）；开了多长时间（完成任务的时间）；以及在驾驶之前有多累（取决于之前有多少睡眠或休息）。正如施福尔特和伯杰龙（Thiffault & Bergeron，2003）指出的，这些都是内源性因素，与司机的内部状态有关。驾驶表现还受外源性因素的影响，如环境刺激。施福尔特和伯杰龙用实验证明了这一点。参与者在他们生物钟的"午饭后困倦期"进行了两次 40 分钟的模拟驾驶。在两个时段中，所行驶的道路主要是一条直的双车道公路。有所不同的是，在一个时段，道路两旁是无尽的松树，单调且易于预见。在另一个时段，周围的环境更加多样化：道路上有桥梁和立交桥，偶尔会遇到行人、树木、房屋和路标。可以发现，随着时间的推移，司机的驾驶表现稳步下降，但当环境单调时，下降得更多。

　　在司机因过度疲劳而睡着，失去对车辆的控制引发的事故中，疲劳对行为的影响是相当明显的。不过，不那么明显的疲劳会有什么影响呢？现代理论认为，个人拥有有限的资源，这些资源可以灵活、动态地分配给不同的任务。例如，格林·霍基（Glyn Hockey）的补偿控制理论认为，个体监控自己的行为，并试图将表现维持在可接受的水平。如果有必要，可以通过牺牲在次要任务上的表现来保持在主要任务上的表现。因此，疲劳的司机可能会把注意力集中在驾驶的主要方面（保持车道和避开障碍），减少将资源分配到次要方面（如查看后视镜和指示灯）。

这一点得到了疲劳影响司机驾驶表现的实证研究的支持。最初，注意力会变得越来越具有选择性：疲劳的司机更关注自己的内部状态而不是周围环境，往往会把注意力集中在最重要的任务（如维持车道和与前车保持安全距离），而不是没那么重要的任务上。对环境的视觉采样被期望支配，视野变得越来越狭窄。与直觉相反的是，疲劳的人往往在复杂任务而不是简单任务上表现良好，所以当驾驶看起来最轻而易举的时候，反而最有可能受到影响。

随着疲劳加剧，司机开始经历大约 0.5—1.5 秒的微睡眠（microsleeps）。在高速公路上，微睡眠时间既长到足以使司机警觉，因为车辆会在车道上漂移，又短到能让司机有机会重新控制车辆。但在有对面来车的弯道处或双车道道路上，微睡眠可能带来更多不幸的后果。

此时，司机们已经很清楚自己睡着了，但他们通常会不顾一切地继续开车。他们试着以各种方法刺激自己，以免睡着（如唱歌、拍打自己，或者打开车窗呼吸更多的新鲜空气）。奥尔内和雷纳（Horne & Reyner，1996）发现，最有效的短期应对措施是司机小睡10—15分钟，再加上150—200毫克的咖啡因。然而，到了这个阶段，睡眠是不可避免的，唯一真正安全的行动是停止驾驶。

一个令人感兴趣但相对研究不足的现象是"高速公路催眠"，或称"无意识驾驶模式"。此时司机仿佛处于自动驾驶状态，自动地驾驶着车辆。它发生在微睡眠之前，似乎是介于清醒和困倦之间的一种中间状态。这就像睁着眼睛睡觉一样，非常危险。

药物

药物影响驾驶的复杂性

目前很难弄清楚特定药物如何影响驾驶表现。大学生志愿者单次服用药物所产生的急性效应，可能不同于长期服用后的长期效应。习惯性使用既可能产生耐药性（因此单次服用效果较差），也可能使身体长期受损。使用强效可卡因、美沙酮、摇头丸和酗酒的人，已被证明存在永久性认知损害。出于伦理原因，许多研究将一组吸毒者与一组非吸毒者放在一起比较，这样做的问题是，任何观察到的驾驶表现的差异可能至少一部分源于群组效应：除了药物的作用外，吸毒者和非吸毒者在许多方面都有所不同，如性格、对风险的态度、是否寻求刺激、总体健康状况等。

一项精心设计、严格控制变量的实验室研究，即使在剂量很低的情况下，也能检测出药物对驾驶表现的微妙影响。然而，我们想知道这些影响是否真的对现实驾驶有意义。流行病学研究可以在这方面有所帮助，但很难建立可靠的基线来衡量药物的效果。要评估驾车时吸毒的风险，仅仅知道撞车司机吸毒的频率是不够的，我们还需要知道有多少司机服用了药物而没有撞车。对此，有一个解决方案是使用病例对照法：将发生过车祸的司机样本与未发生车祸的相似司机样本作比较。如果药物在前者中更常见，就意味着药物在这些事故中起了作用。这种技术的一个变种——罪责分析，则根据死亡或受伤的司机是否应该对事故负责对其分组，然后评估每一组的药物使用情况。

药物可能影响认知和运动能力，进而直接影响驾驶表现，或通过影响情绪间接影响驾驶表现。例如，可卡因会导致司机攻击性增强，特别是还同时喝酒时；安非他明和摇头丸使人更冲动；处于戒断状态的瘾君子不太可能集中精力开车。

在现实生活中，人们经常同时使用一种以上的药物，例如，有人经常喝酒且同时服用摇头丸、大麻和可卡因等药物。有充分的证据表明，与单独吸食大麻相比，大麻与酒精联用会产生叠加效应，使车祸风险大大增加。

除了酒精和大麻，很难确定某人是否吸食过毒品，更不用说服用多久了，这使得评估特定药物与事故风险的相关性变得困难。一方面，可能低估了司机吸毒的普遍程度。许多药物很难在尿液中被检测出来。验血更有效，但除非发生严重或致命事故，否则不会验血。兴奋剂，如可卡因和摇头丸，服用12小时内可能检测不到。对司机吸毒的普遍程度的低估会导致对毒驾的表面风险（apparent risk）的高估（因为实际上有比我们想象的要多得多的吸毒司机没有发生事故）。

就大麻而言，早期的调查有时未能区分其活性成分，即 Δ^9- 四氢大麻酚（tetrahydrocannabinol，简称THC）及非活性代谢物。在药物的精神类作用消退后很久依然可在药物测试中检出非活性代谢物。因此，一项研究最终可能得到一个"吸食大麻"的样本，这个样本包括许多在驾驶时并未受到 THC 影响的司机，从而低估大麻带来的事故风险。

最后，非法使用药物和交通事故都是相当罕见的。大多数研究都以一小撮发生事故的吸毒司机为样本，当样本量如此之小时，很难找到事故风险增加的可靠证据。

药物对驾驶表现的影响

由于篇幅有限，我在这里只讨论三种最常被司机使用的可能影响驾驶的药物：酒精、大麻和镇静剂。

酒精

统计分析清楚地表明，饮酒会极大地增加发生事故的风险，而实验结果为这一现象提供了一些有效解释。乙醇，酒精饮品中的酒精类型，会引起中枢神经系统的普遍抑制。这首先导致机体极度兴奋，因为酒精在影响兴奋性突触之前会先抑制大脑中的抑制性突触（对抑制突触实施抑制实际上等同于使机体兴奋）。随着酒精浓度的增加，这两种突触都会被抑制，极度兴奋的状态也会逐渐消失。喝多时，人的清晰思考的能力受到影响，判断力受损，情绪变得不稳定。

酒精在人进入醉酒状态几分钟后就开始影响中枢神经系统。如果没有接着再喝，血液中的酒精含量会在一小时内达到峰值，然后身体的酒精含量开始直线下降。对许多药物来说，肝脏的代谢速度取决于血液中药物的浓度：浓度越高，代谢越快。然而，酒精的代谢速度缓慢而稳定，很大程度上与它在血液中的浓度无关，因此也与摄入的量无关。血液酒精浓度（blood alcohol concentration，简称 BAC）有多种计量方式，在英国，通常指 100 毫升血液中酒精的重量（mg/100 mL），英国对饮酒后驾驶的血液酒精浓度的法定限量为 80 mg/100 mL。就酒精在血液中（按重量）的百分比而言，80 mg/100 mL 对应的血液酒精浓度为 0.08%，100 mg/100 mL 对应 0.10%，以此类推。

酒精对驾驶表现的各个方面都有影响，但摄入量不同，影响程度也不同。酒精会损害判断力，因此醉酒司机可能会高估自己的能力。那些被清醒的司机以太危险为由拒绝执行的驾驶方式，可能会被醉酒司机尝试（如超车和快速转弯）。醉酒司机也会比他们清醒时开得更快。

另外，知觉水平也会受影响。大量饮酒会损害视力锐度，但在此之前注意力就会受影响。醉酒司机在处理许多驾车任务时的认知能力已下降，为了弥补，他们可能会选择将某些任务作为主要任务，而放弃其他任务。他们可能会专注于转向和车辆控制的其他方面，首先因为这是对司机最直接的要求，其次因为醉酒司机想要逃避警察的检查。这么做的结果是减少了对周围环境的关注（因此减少了对导致事故的潜在威胁和危险的关注）。

在运动层面，相对自动化的动作（如转向）会被酒精影响，但不会像"更高级的"过程那样严重（至少在人喝得酩酊大醉之前不会如此），还可能会加深醉酒司机的错觉，以为他们还能开车。

对纯理论研究和应用研究〔如莫斯科维茨和菲奥

伦蒂诺（Moskowitz & Fiorentino，2000）的研究〕的大量综述结果都指向类似的结论。在血液酒精浓度达到0.05%左右之前，自动行为（只需要很少意识活动的早已熟练的任务，如简单的追踪和测量反应时间）相对不受酒精的影响，但较低的血液酒精浓度（0.01%或更低）就能影响受控行为（涉及较大脑力负荷的任务，如艰难追踪、需注意力分配的任务、信息处理等）。与酒精的影响最相关的测试是那些在现实生活或在模拟器中涉及实际驾驶和飞行的测试，在回顾了25项此类研究后，莫斯科维茨和菲奥伦蒂诺报告说，几乎在所有人身上都发现，低酒精浓度就会对身体造成损害。

酒精也会使人困倦。莫斯科维茨和菲奥伦蒂诺报告说，对清醒状态受血液酒精浓度影响的测试显示，即使血液酒精浓度低至0.01%，也会产生一定影响。酒后驾车的人同样会感到疲劳，因为他们可能会在深夜开车。英国拉夫堡大学睡眠研究中心的吉姆·奥尔内（Jim Horne）及其团队进行了一系列研究，观察酒精如何与司机的生物钟相互作用。研究发现，在最容易犯困的时段（早上4点到6点和下午2点到4点），酒精的作用力是其他时段的两倍。如果在下午饮酒，即使是少量的酒精，也会对驾驶造成危险的影响。奥尔内及其同事认为，一个人下午的警觉度越低，越无精打采，酒精对其影响就越大。在一项研究中，他们在年轻男性司机饮酒量达到英国法律允许的限量的一半之后，测试了这些司机在驾驶模拟器上的表现。酒精和困倦一定程度上分别损害了他们的表现，但两者结合时，他们驾驶时车道漂移的次数明显增加。有趣的是，酒精和困倦的叠加效应在这些司机的脑电图记录中很明显，但他们对困倦的主观评分却没有显示这一点，这表明他们没有意识到酒精已经将他们的困倦程度提高到危险水平。

莫斯科维茨和菲奥伦蒂诺得出结论：有充分的证据表明，血液酒精浓度偏离 0 时，某些驾驶相关技能会出现损伤；达到 0.05% 时，他们回顾的大多数研究都发现了一些酒精引起的损伤；达到 0.08% 时，94% 的研究已报告有损伤。事实上，在这些研究中，一旦血液酒精浓度达到 0.08%，在一些关键驾驶指标上，几乎所有参与者都会受影响。他们还记得，这是英国和许多其他国家对酒后驾驶的法定限制量。然而，总的印象明显是随着血液酒精浓度的增加，身体逐渐受到损害；酒精对人的影响没有临界值，没有所谓低于临界值时，人的表现不会受到影响，高于临界值时，人的表现就会受到影响。

莫斯科维茨和菲奥伦蒂诺指出，他们的回顾没有包括对司机的情绪、动机和判断的研究，但这些也是驾驶的重要方面。

酒后驾车的法定酒精限值应该是多少？

英国 1967 年的《道路安全法》(Road Safety Act) 规定，酒后驾车的法定酒精限值为每 100 毫升血液酒精含量为 80 毫克（0.08%），这个标准一直维持着（苏格兰除外，2014 年该酒精限值降至 0.05%）。大多数欧洲国家的酒精限值是 0.08% 或 0.05%。在美国，大多数州的酒精限值为 0.10%，少数州为 0.08%，有些州对年轻司机或职业司机的酒精限值更低，甚至是零容忍。

这些所谓自证法完全用血液酒精浓度来定义醉酒，这使得给醉酒司机定罪更加容易，因为控方不必提供任何令人信服的司机驾驶行为受损的证据。不幸的是，法定的酒精限值给人一种错误的印象，即存在某种阈值，超过这个阈值，驾驶就会受影响；低于这个阈值，驾驶就不会受影响。它没有考虑到血液中酒精吸收率的巨大个体差异和主观影响程度的不同，一些司机的血液酒精浓度未达到 0.08% 之前，其驾驶表现就已严重受损，相当危险。实际上，法律的限制是相当武断的；酒精对驾驶表现的影响依赖摄入量，事故风险随摄入量的增加而急剧增加。

基洛兰、坎宁、杜瓦勒和谢泼德（Killoran，Cunning，Doyle，& Sheppard，2010）在广泛回顾研究的基础上得出结论，酒后驾车会增加发生事故的风险。血液酒精浓度在 0.02%—0.05% 之间的司机发生致命事故的概率是清醒司机的 3 倍；如果血液酒精浓度在 0.05%—0.08% 之间，发生事故的可能性会增加到 6 倍以上；如果血液酒精浓度在 0.08%—0.10% 之间，则发生事故的可能性增加 11 倍以上。基洛兰等人得出结论，有力的证据表明，那些已经将血液酒精浓度限值降至 0.05%的国家，其交通事故率已产生明显而持久的影响，这些变化在降低年轻司机的事故率方面尤其有效。他们保守地估计，将英格兰和威尔士的血液酒精浓度限值降至 0.05%，每年最多可以避免 168 人死亡和 15832 人受伤。

大麻

在美国、澳大利亚和大多数欧洲国家，在发生交通事故的司机血液中，大麻是仅次于酒精的最常见毒品。与大多数非法药物相比，大麻的药用范围更广泛，因此存在大量关于大麻对人的行为影响的实验研究，有的研究还尝试使用事故统计数据以评估其对司机的风险。然而，如前所述，由于缺乏最新使用情况的明确指标，这一情况变得复杂。

大麻对心理的影响

大麻的活性成分是四氢大麻酚。在人吸食后几分钟内，四氢大麻酚就开始起效，其血液浓度在10—30分钟内达到峰值。除非吸食更多，否则影响很少会持续超过2—3个小时。四氢大麻酚在排泄前几乎完全被肝脏代谢成活性较低的产物，这些代谢物在一个烟瘾很大的人停止吸烟一个月后也可以检测到。低至中剂量的四氢大麻酚是一种轻度镇静催眠药，类似酒精和苯二氮䓬类药物。然而，与这些药物不同的是，高剂量的四氢大麻酚可能产生兴奋感、幻觉，类似轻度致幻剂的体验。大麻使用者（以及实验人员）面临的一个问题是，四氢大麻酚的摄入量不仅取决于大麻本身的效力，而且取决于吸食方式（如吸入频率和深度），这导致了明显相似的剂量产生的效果却有很大的个体差异。

有关大麻的影响的实验和流行病学研究

大麻影响驾驶表现的实验研究一致发现，四氢大麻酚会损害司机的认知、意识运动表现和实际驾驶表现，且与剂量相关，即四氢大麻酚的剂量越高，驾驶表现越差。四氢大麻酚对驾驶的某些方面的影响比其他方面更大：高度自动化的行为，如道路跟踪，似乎比需要有意识控制的较复杂的驾驶任务更容易受到四氢大麻酚的影响。

令人好奇的是，尽管实验显示，吸食大麻会造成可检测到的认知和运动障碍，但表明吸食大麻后驾驶与事故风险增加有关的证据较少。一种可能的解释是，吸食大麻虽然会影响驾驶表现，但它与酒精对驾驶表现的影响并不相同。与酒后驾车的司机不同，吸食大麻的司机可能很清楚自己的身体受损，因此会开得更慢、更谨慎。然而，大麻确实减缓了模拟驾驶过程中完成次要任务的速度，这表明在与大麻有关的车辆碰撞事故中，注意力分散可能是很重要的因素。

正如前面提到的，考虑到大麻代谢物的持久性，这可能是许多研究未能发现大麻对驾驶有影响的原因，因为虽然那些司机的大麻检测呈阳性，但事故发生时他们并未处于大麻的活性影响下。德鲁默尔等人（Drummer et al.，2004）报告了一项为期10年的罪责研究的结果，该研究试图评估药物使用对澳大利亚司机对造成致命车祸负责可能性的影响。酒精和大麻使用者（反映为血液样本中的四氢大麻酚水平）更有可能对其事故负责，且有明确的剂量—反应关系证据：司机摄入的酒精或大麻越多，越有可能造成事故。

德鲁默尔等人发现，四氢大麻酚浓度为0.5纳克/毫升或更高时，产生的事故罪责的比值比（odds ratios）类似酒精血液浓度至少达到0.15%的司机。德鲁默尔等人认为，大麻对驾驶表现确有重要的影响，但仅在司机血液中四氢大麻酚的浓度达到5纳克/毫升或更多时的相对短的时段内。雷马克斯等人（Ramaekers et al.，2004）在回顾的流行病学研究中得出类似结论：一些调查结果证实吸食大麻（通过直接测量血液中四氢大麻酚的浓度，而不是测量非活性的代谢物）的司机在交通事故中应对碰撞负责的可能性是未吸食司机的3—7倍。

因此，吸食大麻与交通事故风险增加之间的关系可能比大多数流行病学文献中显示的更强。有研究者认为，至少部分事故风险的升级不是来自大麻的药理作用，而是由于他们容易使吸食者倾向于用一种鲁莽的方式驾驶。尽管吸食大麻者的性格特征肯定会起作用，但有理由怀疑这不是他们事故风险增加的主要原因。首先，如果冲动或鲁莽导致他们容易吸食大麻和危险驾驶，那么过去吸食大麻和车祸之间的联系应该比实际发现的更强。随着时间的推移，性格特征趋于稳定，那些曾经冲动到吸食大麻的人，后来可能仍然是冲动的人（因此仍然有撞车的风险）。然而，现有证据表明，只有最近吸食过大麻才与交通事故有关联，所以更应该将事故风险的增加归因于大麻的影响。

镇静剂

镇静剂可能损害驾驶能力。巴比妥类药物对心理的影响通常与酒精产生的效应相似，范围可从欣快感到嗜睡，主要取决于浓度。和酒精一样，一个人的情绪也很重要，巴比妥类药物会使人产生攻击性或抑郁，这取决于周边环境。在人明显喝醉之前，判断力就会受损。许多实验室研究表明，苯二氮䓬类药物会增加机体的反应时间，降低对目标的检测能力，有损在车辆控制或协调等操作任务中的表现，扰乱真实驾驶和模拟驾驶。有些苯二氮䓬类药物的药效会持续很长时间，所以使用此类药物作为镇静剂的人，第二天早上开车上班时仍然会受影响。

文吉利斯和麦克唐纳（Vingilis & Macdonald，2002）回顾了苯二氮䓬类药物对驾驶的影响并得出结论：流行病学和实验证据表明，苯二氮䓬类药物的使用与发生事故的风险增加有关。使用苯二氮䓬类药物的人发生车祸的概率是不使用的人的 6 倍，风险取决于苯二氮䓬类药物的具体类型。

大多数研究都是在健康的年轻志愿者中使用过量的镇静剂，这一事实使对镇静剂效果的评估变得复杂：长期使用会产生抗药性，因此这些研究可能高估了长期使用者可能存在的损害程度。重要的是，许多巴比妥类药物和苯二氮䓬类药物的镇静作用会因酒精而大大加剧；少量酒精加上少量巴比妥酸盐所产生的效果，可能比人们单独计算每种药物的作用所产生的效果要大得多。

小结

疲劳驾驶和酒后驾驶是造成致命事故的两大原因。

虽然很难准确预估与疲劳相关事故的普遍性，但相当清楚的是，疲劳驾驶是一个普遍现象，它会直接导致事故（司机在方向盘前睡着，当即就失去对车辆的控制）或间接导致事故（司机努力保持清醒，减少对周围环境的关注）。

很难对"疲劳是如何产生的"作出明确表述，因为这取决于不同因素的交互作用，比如司机的内部状态（他们的昼夜节律和最近有多少不错的睡眠）、处于一天中的哪个时间点，以及外部因素，如单调的旅程。已经有人试图制造警报系统，提醒司机他们已疲劳驾驶的事实。这些都是不成功的，主要因为对诸如车道保持的准确性、眨眼频率或持续时间等的客观测量与司机的内部状态相关性很差。无论如何考量，这种研究都似乎是欠考虑的，因为司机疲劳时，他们自己通常是知道的，问题在于他们高估了自己可以克服疲劳的程度。真正的问题是如何说服司机在疲劳时停止驾驶。这对职业司机来说尤其困难，因为他们的工作可能不允许他们停下来休息。

说到药物，酒精是迄今为止对道路安全最大的威胁，既因为它被广泛使用，也因为它对驾驶表现的宽泛影响。酒精不仅损害认知能力和运动能力，还影响判断力，增加冒险行为。后者尤其令人遗憾，因为酗酒在年轻男性司机中更常见，他们原本就更可能危险驾驶。酒精无疑是交通事故的主要原因。流行病学研究一致表明，即使是中等水平的血液酒精浓度（远低于英格兰和威尔士的法定限值——0.08%），发生事故的风险也会明显增加；血液中酒精含量过高与车祸风险大幅增加有关。

其他药物相关的风险很难准确评估。部分原因是它们的滥用不像酒精那样广泛，还有一个复杂原因是，它们经常与酒精一起使用，只要有任何损害，至少部分会归因于酒精。然而，可以肯定地说，大多数非法药物，包括大麻，会对驾驶表现造成明显的损害，增加事故的风险。

非法药物并不是唯一会影响驾驶的药物，许多处方药物和非处方药物也会损害驾驶表现，尤其是与酒精一起使用时。由美国国家公路交通安全管理局召集的一个多学科专家小组讨论了药后驾驶，凯和洛甘（Kay & Logan，2011）得出的结论是，许多合法药物都有可能影响驾驶，但人们对它们的影响知之甚少。该小组强调有必要建立一套系统的程序，以评估与驾驶有关的药物的安全性。这些都可基于药物已知的生理效应、流行病学数据和与驾驶有关的行为方面的标准化评估（如警觉性、注意力和路上驾驶表现的测试）。

最后，很明显有必要对司机加强教育，让他们了解疲劳和药物是如何影响驾驶的。许多年轻司机能意识到酒精的风险，但严重低估了大麻的风险。人们普遍不知道酒精的计量单位是如何与含酒精饮料中的酒精量相对应的。在英国，药驾法规为许多常见药物（如镇静剂）设定了法定"阈值"，对于这些阈值如何与相关药物的常用处方剂量换算却没有什么指导。

第七章　驾驶的未来

2016 年 5 月，约书亚·布朗（Joshua Brown）驾驶一辆半自动驾驶的电动轿车特斯拉 Model S，以每小时 74 英里（约 119 千米）的速度撞上了一辆横穿其所在车道的卡车，不幸身亡。据计算，布朗至少有 10 秒钟的反应时间，但他和车的半自动"自动驾驶"系统都没有尝试刹车以避免碰撞。这个自动驾驶系统的功能是控制速度、车道位置和刹车，却未能检测到处在天空背景下的卡车的白色侧面。在 37 分钟的行程中，布朗把手放在方向盘上的时间总共只有 25 秒，尽管车子发出 6 次有声警报——告知他的手离开方向盘的时间太长了。

美国国家运输安全委员会得出结论，自动驾驶系统的操作局限性是这起事故的主要原因。在布朗被指责没有集中注意力和过度依赖自动驾驶系统的同时，该自动驾驶车辆的生产商被指责设计的系统太容易被人误用。自动驾驶系统未能充分确保司机保持恰当的注意力，它允许司机在长时间高速行驶时不操控方向盘或不注意前方路况，并且允许他们在系统设计之外的道路上行驶（高速公路和其他限制通行的道路）。另外，该系统未能可靠地检测出横向穿行车辆，例如布朗面前的卡车。

布朗的车祸揭示了当前汽车技术发展带来的一系列问题。未来几十年将是一个激动人心但充满挑战的时期，不仅对汽车行业如此，对整个社会也如此，因为随着无人驾驶汽车的发展，技术变革很可能会产生巨大的社会影响。想象一个身体欠佳、残疾和老龄者行动无碍的世界；机器人车辆将货物和各类服务从制造商处运送到客户手中；交通事故的主要原因（人为失误）已经消除，事故的发生率只有目前的零头。我们似乎正在走向一个真正的乌托邦世界。然而，除了好处之外，技术变革也带来一些需要解决的问题。本章将讨论围绕驾驶辅助系统和无人驾驶交通工具发展的一些问题。

无人驾驶汽车的多个级别

在开始之前，需要弄清楚我们谈论的是什么，因为"无人驾驶汽车"（driverless cars）这个术语已经被广泛应用于各种各样的系统，从有驾驶辅助系统的汽车到完全自动驾驶的汽车。美国汽车工程师协会设计了一个实用的分类系统（SAE J3016），共有六个等级。

现有的大多数汽车处于0级或1级：司机负责全部或部分的驾驶操作。在0级车辆上，司机拥有完全控制权。1级车辆有驾驶辅助功能，大多数功能是由司机控制的，但汽车会处理特定的功能（速度、刹车或转向）。大众汽车市场已有1级汽车。与常规巡航控制不同的是，自适应巡航控制能使车辆保持恒定的目标速度，还可以调整车辆的速度，例如减速以保持与前方车辆的安全距离，然后在前方道路畅通后返回目标速度。自动紧急制动系统会向司机发出警告，然后自动刹车以避免与前方的任何障碍物发生碰撞。自动车道维持系统检测车道标记并确保车辆停留在车道标记之间。

带有"部分驾驶自动化"的2级车辆也已经出现。在这类车中，汽车控制速度和转向，司机完成驾驶的其余部分并监督系统在做什么。沃尔沃、宝马和梅赛德斯都有自己的自动驾驶系统，尽管它们没有特斯拉的自动驾驶系统那么经验丰富。

在3级到5级中，汽车执行所有的驾驶操作。在3级，即"有条件的自动驾驶"中，汽车可以自行驾驶，但如果系统出现故障或无法满足驾驶要求，就需要司机准备好控制汽车。包括沃尔沃和福特在内的许多制造商都表示，它们将完全跳过3级，因为它可能会引发危险，即司机过度依赖这一系统而停止进行符合要求的监控。

"无人驾驶汽车"这个术语实际上仅指4级和5级的车辆，在这两级中，司机仅仅是一个乘客（或者根本不在车里）。在这些级别中，如果系统无法应付，也不需要车内人员介入，车辆会调整为"最小风险状态"，如缓慢地一瘸一拐地回家或在安全的地方停下来。4级是"高自动化驾驶"，5级是"全自动化驾驶"。这两种等级的主要区别是：4级汽车被要求在特定的环境中行驶［如依靠足够的全球定位系统（GPS）覆盖、清晰的车道标志等］，而5级车辆更万能，能行驶在任何人类驾驶车辆时可以到达的地方（如穿越戈壁沙漠）。

本质上，我们在这里面临两组性质不同的任务要求。1到3级在不同程度上让司机从汽车操作中解放出来，但要求他们监控各类情况，从理论上说，司机要准备好在出现问题时介入。而4级和5级完全不同，司机只是一辆机器人出租车中的乘客，对他或她的唯一要求是相信车辆能够应对可能遇到的任何交通状况。

半自动驾驶汽车的问题

像布朗的特斯拉（1—3级）这样的半自动驾驶汽车使用了驾驶辅助系统，对司机而言，这确实减少了大部分"操作级"的驾驶要求，司机很少需要留意或根本不用留意加速、刹车和转向操作。原本设想这将使驾驶更容易，对疲劳程度和心理状态要求较少。遗憾的是，心理学研究表明，驾驶辅助系统造成的问题可能比它们解决的问题更多。

几十年来，人因学专家如南安普敦大学的内维尔·斯坦顿（Neville Stanton）及其团队，一直在强调驾驶辅助系统带来的潜在危险。他们指出，半自动驾驶系统从根本上改变了驾驶任务的性质，司机从主动参与驾驶转变为被动监控车辆状态。这些系统的设计者期望司机持续监控系统的表现，必要的话随时准备恢复控制。然而，这是非常不现实的。首先，持续监控使得"自动化"在很大程度上变得毫无意义。如果你还在路上想着"万一出问题"，那为什么不自己开车呢？现实是，人类在这样需要保持警觉的任务中表现得很差。司机的注意力持续时间有限（大约20分钟，并非一次典型的驾驶中需要的几个小时的监督），而且很容易分心。同时，我们已经看到许多司机错误地相信他们可以不在驾驶上浪费时间，开始尝试在驾驶时做其他事，如使用手机或收发短信（参见第二章）。在半自动驾驶的车辆上，许多司机会更容易受车内的一些诱惑而分心，如手机、报纸、DVD播放器等。如果没有分心，他们可能就睡着了。即使是一个认真的司机，也可能失去对情境的意识，无论是车外发生的事情还是汽车自身系统的状态，都是如此。

引入半自动系统的主要理由是，它将减少对司机的操作要求。这本身是有争议的，因为司机必须监控自动运行的系统的性能和环境中的危险，这实际上可能增加司机的负担。对信息处理的研究倾向于关注当操作需求超过可用的心理资源时，心理负荷是如何影响行为表现的。然而，心理负荷不足也可能是不利的。主张可塑注意资源理论（malleable attentional resources theory，简称MART）的杨和斯坦顿（Young & Stanton，2002）提出，操作资源实际上会因需求不足而萎缩。在半自动汽车驾驶中，司机将处于心理负荷不足的状态。在紧急情况下，司机将面临操作资源需求的快速增长，但与没有得到这些系统"辅助"的司机相比，其可用的资源甚至更少。

许多驾驶模拟器实验都支持可塑注意资源理论，这些实验研究了当自动系统意外失败，由司机重新控制系统时会发生什么事。早在20年前，斯坦顿及其同事就发现，司机可能无法有效应对这种情况。当自适应巡航控制系统不能通过减速应对前方车辆时，三分之一的实验参与者都无法避免碰撞。

埃里克森和斯坦顿（Eriksson & Stanton，2017b）回顾了司机在不同情况下的反应时间。0级汽车司机对交通中突发事件的响应时间为1秒。配备了自适应巡航控制系统和转向辅助系统的司机，在自动控制系统突然出现故障时，需要多花 1.1—1.5 秒的时间来应对。高度自动化汽车（如布朗的特斯拉）的司机在紧急情况下会花 3 秒或更多的时间来响应汽车要求他们恢复手动控制的请求。该领域的另一位专家彼得·汉考克（Peter Hancock）简要总结了这种情况：如果你构建的系统很少要求人们响应，在被需要时他们就很少会响应。

紧急情况并不是唯一需要司机重新控制高度自动化汽车的情形。目前，该系统只能在有限的条件下使用，如行驶在高速公路上，因此司机应该定期在辅助驾驶和非辅助驾驶之间切换。埃里克森、班克斯和斯坦顿（Eriksson，Banks，& Stanton，2017）在真实道路上驾驶特斯拉后发现，切换过程所花的时间平均为 3 秒，但存在滞后现象，一些司机花费的时间长达 15 秒。

即使驾驶辅助系统做得很好，也存在司机与车辆运行状况脱节的风险，特别是当司机对相关系统的性能限制缺乏了解时。心智模型的心理学理论与此相关（Stanton & Young，2000）。心智模型（mental models）是用户基于知识、推理和与以往经验的类比，对系统如何运行所形成的理解。当用户的心智模型与系统设计者不同时，就会出现麻烦。举个例子，我租了一辆仪表盘上有手刹按钮的车，每次车停下来，我都会按下按钮拉起手刹。启动车前，我想按下按钮松开手刹，但每次这么做车子都会熄火。回到家我立刻阅读使用手册，找到了汽车熄火的原因——我运用的是我自己的手刹操作心智模型，这是基于我过去使用机械手刹的经验——一旦要停车就拉手刹，要启动就松开它。而设计者的心智模型是，司机自行启动（按下按钮）手刹，但当汽车向前移动时，手刹会自动松开。因此每次我想要起步时，汽车都会帮忙松开手刹，而我还在按下按钮让手刹重新启动！

这与其说是危险的，不如说是令人困惑的。对汽车系统不适合的心智模型会导致严重的问题，有时可能是"模式混淆"，即司机认为车辆处于与实际不同的状态。现在的许多汽车和摩托车有可选择的悬挂、制动和发动机性能设置，以下情况容易产生问题：司机驶入弯道时误以为悬挂系统处于固定的"运动"模式，而实际上悬挂系统处于更颠簸的"巡航"模式；一个骑摩托车的人在潮湿的路面上拼命加速，却忘了自己处在全速的"运动"模式，而不是在减速的"雨中"模式。不同性能模式的存在会使用户很难完全熟悉车辆在操纵和动力输送方面的特性。

　　设计者既需要确保司机对车辆如何运行以及如何对他们的行为作出反应构建了适合的心智模型，也需要考虑司机会如何将他们现有的心智模式应用到技术创新上（就像前面的手刹例子一样）。近一个世纪以来，汽车行业一直共享高度标准化的控制系统。现在汽车控制系统不仅变得更加复杂，而且由于制造商的不同也变得更加多样化。到目前为止，车辆控制主要涉及转向、加速和离合器控制技术。未来驾驶训练中越来越重要的组成部分将是确保司机充分理解了驾驶辅助系统能做什么和做不到什么。

　　这与用户对系统的信任程度有关。过度的信任显然是不可取的，这会导致对技术的盲目依赖、滥用，甚至可能发生像布朗那样的事故。过度的不信任意味着司机即使可以安全地使用该系统也不去使用。司机的信任程度需要精确地匹配系统的客观可靠水平，因为没有一个系统是万无一失的。信任不仅受到系统可靠性的影响，还受到司机认为自己比系统更有能力的自信程度以及他们使用系统的心智模型等因素的影响。

无人驾驶车辆的问题

完全无人驾驶的汽车（4 级和 5 级）引发不同的争论，一个很大的麻烦是试图攻克公众对无人驾驶汽车的安全性缺乏信心的问题。在市场调查机构益普索·莫里（Ipsos MORI）最近的一项调查中，只有 28% 的受访者同意"我认为全自动驾驶汽车是我们应该努力的方向"这一说法，只有 13% 的人表示"如果有自动驾驶功能，我会一直使用"。

这种不信任似乎源于人们对网络安全和黑客攻击的恐惧，以及对自身驾驶能力优于自动驾驶系统的夸大看法。回想一下第三章中人类对风险的评估是相当不理性的，且非常受外部因素的影响，也就是说，如果一件事是不熟悉的，又不受人控制，它就更有可能被认为是危险的。无人驾驶汽车至少在初期会同时满足这两个点。尽管无人驾驶汽车很可能是非常安全的，特别是与普通的人类司机相比，但任何涉及无人驾驶汽车的事故都将被充分宣传。涉及人类驾驶的交通事故仍旧非常普遍，但几乎不会引起公众的注意。"可得性启发法"意味着，比起人类驾驶车辆，公众更能意识到无人驾驶汽车的风险。无人驾驶汽车缺乏控制也将夸大其在公众心目中的风险程度。有趣的是，很少有人会在乘出租车出行上犹豫，出租车同样是他们无法控制的车辆，司机可能几乎没有睡觉，并且在驾驶时使用手机、无线电和卫星导航，但人们对出租车的熟悉降低了对风险的感知。

无人驾驶汽车还引发司机技能退化的问题：人们有可能通过了驾驶考试，却好几年都不开车。驾驶执照是否需要每隔几年更新一次，同时还需要再考试甚至再培训？

未来不可避免地会出现一个传统汽车和无人驾驶汽车不得不共存的过渡时期。值得注意的是，谷歌的无人驾驶汽车似乎较少发生事故，因为人类司机期望该汽车表现得像另一个人。无人驾驶汽车的好处之一是，车与车之间的通信将使它们行驶得更近，从而最大限度地利用道路空间，并通过尾流效应提高燃油的经济性。然而，古伊等人（Gouy et al.，2014）在一项驾驶模拟器的研究中发现，在高速公路上排列行驶的自动卡车会对相邻车辆的司机产生不良影响，致使后者与前车的车距过短。

到目前为止，自动驾驶技术主要集中在车辆控制上（保持车道和避免碰撞）。尽管在驾驶的操作层面已经取得很大的进展，但正如我们在前面章节中所看到的，人类驾驶操作涵盖的远不止这些。人类使用策略、启发式和图式应对驾驶行为，因为不这样的话简直无法以足够快的速度处理信息。通过利用经验指导我们的行动，我们可以克服神经系统以每秒 100 米传输信息的速度限制（与计算机的电流速度相比非常缓慢）。驾驶的"战术"和"战略"层面，将更难实现自动化。

话虽如此，但车辆可能并不需要像人类那样驾驶。无人驾驶汽车的反应速度将比人类更快，而且车辆和车辆之间能积极地相互分享信息。此外，人类主要依赖高选择性的视觉系统，而目前的无人驾驶系统由各种传感器的信息集成，如雷达、激光雷达传感器（通过反射周围环境的脉冲光来工作）、超声波传感器和全球导航系统。至少在理论上，这种"冗余"能让无人驾驶车辆在人类无法达到的情况下行驶，但现实情况是，暴雨会击垮激光雷达、雷达和传统摄像头。在 2018 年拉斯维加斯的美国消费类电子产品展览会上，暴雨使几家汽车制造商放弃了展示半自动驾驶汽车。公平地说，这些也会击败人类的视觉系统，看看那些司机在大雾或大雨天气中超速而导致的高速公路连环相撞事故就知道了。

小结

通过消除交通事故的主要原因——人为失误，自动驾驶车辆具有了极大的改善道路安全的潜力。然而，不受监管、缺乏周全考虑地将该技术引入汽车，意味着道路安全在得到改善之前很可能会变得更糟。

正如诺尔曼在近30年前指出的，交通工具自动化带来的许多心理问题已经在航空业中出现（Norman，1990）。飞机失事给飞机制造商在设计人机交互界面方面上了宝贵的一课，汽车业似乎没有从航空业吸取教训。早期的飞机自动驾驶系统是"强大而沉默"的：这类系统努力克服由恶劣天气或设备故障造成的不断增加的麻烦，直到无法应对时才将控制权交给机组人员。往往到了这个时候，情况已经很糟糕了，机组人员也无法处理。现代系统更"健谈"，可以让机组人员随时了解飞机的状态，这样机组人员就有望意识到正在出现的问题，在情况变得危急之前去干预。

我们的汽车已经配备了巡航控制系统、电子稳定系统、牵引力控制系统、防抱死刹车系统和智能悬挂系统，这些系统就是斯坦顿所说的"车辆自动化"：它们辅助司机开车，但车辆仍然完全处在司机的控制之下。而最新的技术，如自适应巡航控制、防撞和自动紧急制动，本质上与前者不同，斯坦顿称之为"司机自动化"，因为这类系统接管了一些决策功能。这些系统同样是"强大而沉默"的：司机可能一直没有意识到自动化技术在幕后做了多少工作，直到它失去控制时，通常此时情况已糟糕到远远超出一般司机的应对水平。埃里克森和斯坦顿（Eriksson & Stanton，2017a）认为，汽车自动化系统应该设计得更能与司机沟通，让司机了解行车的状态：它应该更像一位健谈的副驾驶，而不是沉默的自动驾驶系统。这样做还有一个额外的好处，那就是通过让司机更了解车辆正在做的事情，来减少其动力不足。

飞行员的优势在于，他们通常在 3.5 万英尺的高空飞行，这为他们争取到了重回轨道的时间，他们可以重新获得情境意识，有望采取纠正措施来解决问题。而司机没有如此奢侈的时间，当他们意识到无法应对时，几乎已经来不及做任何事情，在避免灾难所需的驾驶技能因不使用而衰退时尤为如此（如果司机只有开高科技汽车的经历，他从一开始就可能不具备该类技能）。

2017 年 3 月，米尔托斯·基里亚基迪斯（Miltos Kyriakidis）和其他 11 位人因学专家发表了他们对自动驾驶汽车带来的挑战的看法。尽管他们承认自动驾驶汽车在提高道路安全方面具有巨大的潜力，但也一致担心自动化技术的引入很少考虑人因工程方面的问题。司机被自动化"排除在决策环之外"，但又被期望在系统无法应对时及时干预。这篇文章的结尾透露着绝望：

有人可能会说，我们的考量和建议与早期从航空业和其他自动化领域吸取的人因工程教训几乎没有区别。例如，早期的一份关于未来空中交通管制人因工程的报告指出："总的来说，人类是糟糕的监控者。我们建议，在假设人类能够成功地监控复杂的自动机器并在机器出现故障时予以接管（Fitts，1951）方面，应非常谨慎……"为什么人因工程的研究人员几十年来都在传递同样的信息，这是个值得进一步考虑的问题。

（Kyriakidis et al., 2017，p.15）

汉考克也提出类似的观点：在真正的无人驾驶汽车出现之前，自动化系统的设计者必须考虑司机的心理，而不是把司机当作最后求助的子系统（Hancock，2014）。司机不是系统中可以被边缘化，直到自动化系统出现问题才被想起的人。如果汽车设计师继续忽视这一事实，汽车制造商关于未来驾驶的乌托邦愿景就不太可能成为现实。

通过阅读这本书，我希望你能相信心理学的研究和理论在驾驶的许多方面都非常有用。我们可能正在进入一个人类较少身体力行地控制车辆的时代，但除非车辆能完全摆脱人类，否则，对驾驶心理的理解事关人类的安全，即使在未来也和在当下一样重要。

延伸阅读

Banks, V. A. & Stanton, N. A. (2017). *Automobile automation: Distributed cognition on the road*. London: CRC Press.

Bédard, H. & Delashmit, G. (2011). *Accidents: Causes, analysis and prevention*. New York: Nova.

Fisher, D. L., Caird, J., Horrey, W., & Trick, L. (eds.) (2016). *Handbook of teen and novice drivers: Research, practice, policy and directions*. London: CRC Press.

Groeger, J. (2016). *Understanding driving: Applying cognitive psychology to a complex everyday task*. London: Routledge.（这本书的平装版本出版于 2000 年，内容虽有些过时，但仍值得一读。）

Hennessy, D. (ed.) (2011). *Traffic psychology: An international perspective*. New York: Nova.

Hilbert, R. C. (ed.) (2011). *Distracted driving*. New York: Nova.

Jiménez, F. (ed.) (2018). *Intelligent vehicles, 1st edition: Enabling technologies and future developments*. Oxford: Butterworth-Heinemann.

Norman, D. (2013). *The design of everyday things: Revised and expanded edition*. New York: Basic Books.（其内容并非专门探讨驾驶的，但它讨论了设计心理学，因而涵盖了与驾驶紧密关联的问题。）

Porter, B. E. (ed.) (2011). *Handbook of traffic psychology, 1st edition*. London: Academic Press.（其章节涉及交通心理学的所有方面。）

Shinar, D. (2017). *Traffic safety and human behavior (2nd. edition.)*. Bingley: Emerald Publishing.

参考文献

ACEM. (2009). *MAIDS: In-depth investigations of accidents involving powered two wheelers. Final report 2.0.* Retrieved 13/2/2018, from *www.maids-study.eu/pdf/MAIDS2.pdf*.

Amado, S., Arikan, E., Kaca, G., Koyuncu, M., & Turkan, B. N. (2014). How accurately do drivers evaluate their own driving behavior? An on-road observational study. *Accident Analysis and Prevention, 63*, 65—73.

Arnett, J. J. (1996). Sensation seeking, aggressiveness and adolescent reckless behavior. *Personality and Individual Differences, 20*(6), 693—702.

Atchley, P., Tran, A. V., & Salehinejad, M.

A . (2017). Constructing a publically available distracted driving database and research tool. *Accident Analysis and Prevention, 99*, 306—311.

Ball, K. & Owsley, C. (1992). The useful field of view test: A new technique for evaluating age-related declines in visual function. *Journal of the American Optometrist Association, 63*, 71—79.

Benfield, J. A., Szlemko, W. J., & Bell, P. A. (2007). Driver personality and anthropomorphic attributions of vehicle personality relate to reported aggressive driving tendencies. *Personality and Individual Differences, 42*(2), 247—258.

Briggs, G. F., Hole, G. J., & Land, M. F. (2016). Imagery-inducing distraction leads to cognitive tunnelling and deteriorated driving performance. *Transportation Research Part F, 38*, 106—117.

Brown, S. L. & Cotton, A. (2003). Risk-mitigating beliefs, risk estimates and self-reported speeding in a sample of Australian drivers. *Journal of Safety Research, 34*, 183—188.

Cavallo, V. & Pinto, M. (2012). Are car daytime running lights detrimental to motorcycle conspicuity? *Accident Analysis and Prevention, 49*, 78—85.

Chapman, P. & Underwood, G. (2000). Forgetting near-accidents: The role of severity, culpability and experience in the poor recall of dangerous driving situations. *Applied Cognitive Psychology, 14*, 31—44.

Clarke, S. & Robertson, I. T. (2005). A meta-analytic review of the big five personality factors and accident involvement in occupational and non-occupational settings. *Journal of Occupational and Organizational Psychology, 78*, 355—376.

Dahlen, E. R., Martin, R. C., Ragan, K., & Kuhlman, M. (2005). Driving anger, sensation seeking, impulsiveness and boredom proneness in the prediction of unsafe driving. *Accident Analysis and Prevention, 37*, 341—348.

Davison, P. & Irving, A. (1980). Survey of visual acuity of drivers, *TRRL Report 945*, Transport and Road Research Laboratory, Crowthorne, Berkshire.

Deffenbacher, J. L., Huff, M. E., Lynch, R. S.,

Oetting, E. R., & Salvatore, N. F. (2000). Characteristics and treatment of high-anger drivers. *Journal of Counselling Psychology, 47*(1), 5—17.

Department for Transport. (2017). *Reported road casualties in Great Britain: 2016 annual report*. Retrieved 13/2/2018 from *www.gov.uk/government/statistics/reported-road-casualties-great-britain-annual-report-2016*.

de Winter, J. C. F. & Dodou, D. (2010). The driver behaviour questionnaire as a predictor of accidents: A meta-analysis. *Journal of Safety Research, 41*(6), 463—470.

Dobbs, A. R., Heller, R. B., & Schopflocher, D. (1998) A comparative approach to identify unsafe older drivers. *Accident Analysis and Prevention, 30*(3), 363—370.

Drummer, O. H., Gerostamoulos, J., Batziris, H., Chu, M., Caplehorn, J., Robertson, M. D., & Swann, P. (2004). The involvement of drugs in drivers of motor vehicles killed in Australian road traffic crashes. *Accident Analysis and Prevention, 36*(2), 239—248.

Dula, C. S. & Ballard, M. E. (2003). Development and evaluation of a measure of dangerous, aggressive, negative emotional and risky driving. *Journal of Applied Social Psychology, 33*(2), 263—282.

Duncan, J., Williams, P., & Brown, I. (1991). Components of driving skill: Experience does not mean expertise. *Ergonomics, 34*, 919—937.

Eriksson, A., Banks, V. A., & Stanton, N. A. (2017). Transition to manual: Comparing simulator with on-road control transitions. *Accident Analysis and Prevention, 102*, 227—234.

Eriksson, A. & Stanton, N. A. (2017a). The chatty co-driver: A linguistics approach applying lessons learnt from aviation incidents. *Safety Science, 99*, 94—101.

Eriksson, A. & Stanton, N. A. (2017b). Takeover time in highly automated vehicles: Noncritical transitions to and from manual control. *Human Factors, 59*(4), 689—705.

Fernandes, R., Job, R. F. S., & Hatfield, J. (2007). A challenge to the assumed generalizability of prediction and countermeasure for risky driving: Different factors predict different risky driving behaviors. *Journal of*

Safety Research, 38, 59—70.

Fitts, P. M. (1951). *Human engineering for an effective air-navigation and traffic-control system*. Washington, DC: National Research Council.

Gouy, M., Wiedemann, K., Stevens, A., Brunett, G., & Reed, N. (2014). Driving next to automated vehicle platoons: How do short time headways influence non-platoon drivers' longitudinal control? *Transportation Research Part F, 27*, 264—273.

Greaves, S. P. & Ellison, A. B. (2011). Personality, risk aversion and speeding: An empirical investigation. *Accident Analysis and Prevention, 43*(5), 1828—1836.

Hancock, P. A. (2014). Automation: How much is too much? *Ergonomics, 57*(3), 449—454.

Hancock, P. A., Lesch, M., & Simmons, L. (2003). The distraction effects of phone use during a crucial driving maneuver. *Accident Analysis and Prevention, 35*, 501—514.

Holland, C., Geraghty, J., & Shah, K. (2010). Differential moderating effect of locus of control on effect of driving experience in young male and female drivers. *Personality and Individual Differences, 48*, 821—826.

Horne, J. A. & Reyner, L. A. (1996). Counteracting driver sleepiness: Effects of napping, caffeine and placebo. *Psychophysiology, 33*, 306—309.

Hyman, Jr, I. E., Boss, S. M., Wise, B. M., McKenzie, K. E., & Caggiano, J. M. (2010). Did you see the unicycling clown? Inattentional Blindness while walking and talking on a cell phone. *Applied Cognitive Psychology, 24*, 597—607.

Johnson, C. A. & Keltner, J. L. (1983). Incidence of visual field loss in 20 000 eyes and its relationship to driving performance. *Archives of Ophthalmology, 101*, 371—375.

Jonah, B. (1997). Sensation seeking and risky driving: A review and synthesis of the literature. *Accident Analysis and Prevention, 29*(5), 651—665.

Kay, G. G. & Logan, B. K. (2011). *Drugged driving expert panel report: A consensus protocol for assessing the potential of drugs to impair driving.* (DOT HS 811 438). Washington, DC: National Highway Traffic Safety

Administration.

Killoran, A., Cunning, U., Doyle, N., & Sheppard, L. (2010). *Review of effectiveness of laws limiting blood alcohol concentration levels to reduce alcohol-related road injuries and deaths*. Final Report March 2010. Centre for Public Health Excellence NICE.

Kyriakidis, M., de Winter, J. C. F., Stanton, N., Bellet, T., van Arem, B., Brookhuis, K., Martens, M. H., Bengler, K., Andersson, J., Merat, N., Reed, N., Flament, M., Hagenzieker, M., & Happee, R. (2017). A human factors perspective on automated driving. *Theoretical Issues in Ergonomics Science*, 1—27. Published online 8th March 2017.

Lajunen, T. (2001). Personality and accident liability: Are extraversion, neuroticism and psychoticism related to traffic and occupational fatalities? *Personality and Individual Differences, 31*, 1365—1373.

Lajunen, T. & Parker, D. (2001). Are aggressive people aggressive drivers? A study of the relationship between self-reported general aggressiveness, driver anger and aggressive driving. *Accident Analysis and*

Prevention, 33, 243—255.

Langham, M., Hole, G., Edwards, J., & O'Neill, C. (2002). An analysis of "looked but failed to see" accidents involving parked police cars. *Ergonomics, 45*, 167—185.

Lesch, M. F. & Hancock, P. A. (2004). Driving performance during concurrent cell-phone use: Are drivers aware of their performance decrements? *Accident Analysis and Prevention, 36*(3), 471—480.

Lombardi, D., Horrey, W. J., & Courtney, T. K. (2017). Age-related differences in fatal intersection crashes in the United States. *Accident Analysis and Prevention, 99*, 20—29.

Magazzù, D., Comelli, M., & Marinoni, A. (2006). Are car drivers holding a motorcycle licence less responsible for motorcycle—car crash occurrence? A non-parametric approach. *Accident Analysis and Prevention, 38*, 365—370.

Marottoli, R. A. & Richardson, E. D. (1998). Confidence in and self-rating of, driving ability among older drivers. *Accident Analysis and Prevention, 30*(3), 331—336.

Maycock, G. (1997). Sleepiness and driving: The experience of U.K. car drivers. *Accident Analysis and Prevention, 29*(4), 453—462.

Moskowitz, H. & Fiorentino, D. (2000). *A review of the literature on the effects of low doses of alcohol on driving-related skills*. (DOT HS 809 028). Washington, DC: National Highway Traffic Safety Administration.

Musselwhite, C. (2006). Attitudes towards vehicle driving behaviour: Categorising and contextualising risk. *Accident Analysis and Prevention, 38*, 324—334.

Norman, D. A. (1990). The "problem" with automation: Inappropriate feedback and interaction, not "over-automation". *Philosophical Transactions of the Royal Society of London, B: Bioogical Sciences, 327*(1241), 585—593.

Norman, D. A. & Shallice, T. (1986). Attention to action: Willed and automatic control of behavior. Pages 1—18 in Davidson, R., Schwartz, G., and Shapiro, D. (eds.), *Consciousness and self regulation: Advances in research and theory, Volume 4*. New York: Plenum.

Ramaekers, J. G., Berghaus, G., van Laar, M., & Drummer, O. H. (2004). Dose related risk of motor vehicle crashes after cannabis use. *Drug and Alcohol Dependence, 73*(2), 109—119.

Read, N., Kinnear, N., & Weaver, L. (2012). *Why do older drivers have more "failed to look" crashes? A simulator based study*. Project Report PPR635. Berkshire: TRL.

Redelmeier, D. A. & Tibshirani, R. J. (1997). Association between cellular telephone calls and motor-vehicle collisions. *The New England Journal of Medicine, 336*, 453—458.

Road Safety Foundation. (n.d.). *Supporting safe driving into old age: A national older driver strategy*. Older Drivers Task Force. Retrieved 13/2/2018 from *https://s3-eu-west-1.amazonaws.com/roadsafetyfoundation.org/2016-07-04_Older_drivers/2016-07-04_Older_drivers_02_report.pdf*.

Sagberg, F., Jackson, P., Krüger, H. P., Muzet, A., & Williams, A. (2004). *Fatigue, sleepiness and reduced alertness as risk factors in driving*. TOI report 739/2004. Oslo: Institute of Transport Economics.

Senaratna, C. V., Perret, J.L., Lodge, C. J., Lowe, A. J., Campbell, B. E., Matheson, M. C., Hamilton, G. S., & Dharmage, S. C. (2017). Prevalence of obstructive sleep apnea in the general population: A systematic review. *Sleep Medicine Reviews, 34*, 70—81.

Shinoda, H., Hayhoe, M. M., & Shrivastava, A. (2001). What controls attention in natural environments? *Vision Research, 41*, 3535—3545.

Simons, D. J. & Chabris, C. F. (1999). Gorillas in our midst: Sustained inattentional Blindness for dynamic events. *Perception, 28*, 1059—1074.

Stanton, N. A. & Young, M. S. (2000). A proposed psychological model of driving automation. *Theoretical Issues in Ergonomics Science, 1*, 315—331.

Stanton, N. A., Stewart, R., Harris, D., Houghton, R. J., Baber, C., McMaster, R., Salmon, P. et al. (2006). Distributed situation awareness in dynamic systems: Theoretical development and application of an ergonomics methodology. *Ergonomics, 49*, 1288—1311.

Strayer, D. L., Watson, J. M., & Drews, F. A. (2011). Cognitive distraction while multitasking in the automobile. pp. 29—58, in Ross, B. (ed.), *The Psychology of Learning and Motivation, Volume 54*. Burlington: Academic Press.

Thiffault, P. & Bergeron, J. (2003). Monotony of road environment and driver fatigue: A simulator study. *Accident Analysis and Prevention, 35*, 381—391.

Tversky, A. & Kahneman, D. (1973). Availability: A heuristic for judging frequency and probability. *Cognitive Psychology, 5*, 207—232.

Ulleberg, P. (2002). Personality subtypes of young drivers: Relationship to risk-taking preferences, accident involvement, and response to a traffic safety campaign. *Transportation Research Part F, 4*, 279—297.

Vingilis, E. & Macdonald, S. (2002). Review: Drugs and traffic collisions. *Traffic Injury Prevention, 3*, 1—11.

World Health Organization. (2015). *Global status report on road safety 2015*. Geneva: WHO Press.

Young, M. S. & Stanton, N. A. (2002). Malleable

Attentional Resources Theory: A new explanation for the effects of mental underload on performance. *Human Factors, 44*(3), 365—375.

Zhou, R., Yu, M., & Wang, X. (2016). Why do drivers use mobile phones while driving? The contribution of compensatory beliefs. *PLOS One, 11*(8), 1—18.

Zuckerman, M. (1994). *Behavioural expressions and biological bases of sensation seeking*. Cambridge: Cambridge University Press.

图书在版编目（CIP）数据

驾驶心理学 ／（英）格雷厄姆·霍尔（Graham Hole）
著 ；薛鸣枝译. -- 上海 ：上海教育出版社，2025.7.
（万物心理学书系）. -- ISBN 978-7-5720-3133-5

Ⅰ．U471.3

中国国家版本馆CIP数据核字第2024TU8909号

责任编辑　金亚静　林　婷
整体设计　施雅文

驾驶心理学
（英）格雷厄姆·霍尔 （Graham Hole）　著
薛鸣枝　译

出版发行　上海教育出版社有限公司
官　　网　www.seph.com.cn
地　　址　上海市闵行区号景路159弄C座
邮　　编　201101
印　　刷　上海展强印刷有限公司
开　　本　787×1092　1/32　印张 5.375
字　　数　83 千字
版　　次　2025年7月第1版
印　　次　2025年7月第1次印刷
书　　号　ISBN 978-7-5720-3133-5/B·0078
定　　价　48.00 元

如发现质量问题，读者可向本社调换　电话：021-64373213